1판 1쇄 발행 2022년 5월 10일
글쓴이 금준경 | 그린이 오승만
펴낸이 홍석 | 이사 홍성우 | 편집부장 이정은
편집 조웅연, 박고은, 이은경 | 디자인 신영미, 권영은, 박두레
마케팅 이송희, 한유리, 이민재 | 관리 최우리, 김정선, 정원경, 홍보람, 조영행, 김지혜
펴낸곳 도서출판 풀빛 | 등록 1979년 3월 6일 제 2021-000055호
제조국 대한민국 | 사용연령 8세 이상
주소 서울특별시 강서구 양천로 583 우림블루나인 A동 21층 2110호
전화 02-363-5995(영업) 02-362-8900(편집) | 팩스 070-4275-0445
전자우편 kids@pulbit.co.kr | 홈페이지 www.pulbit.co.kr
블로그 blog.naver.com/pulbitbooks | 인스타그램 instagram.com/pulbitkids

ISBN 979-11-6172-463-8 74300
　　　978-89-7474-654-4 (세트)

ⓒ 금준경 2022

*책값은 뒤표지에 표시되어 있습니다.
*종이에 베이거나 긁히지 않도록 조심하세요. 책 모서리가 날카로우니 던지거나 떨어뜨리지 마세요.
*파본이나 잘못된 책은 구입하신 곳에서 바꿔 드립니다.

역지사지 생생 토론 대회 13

소셜 미디어 논쟁

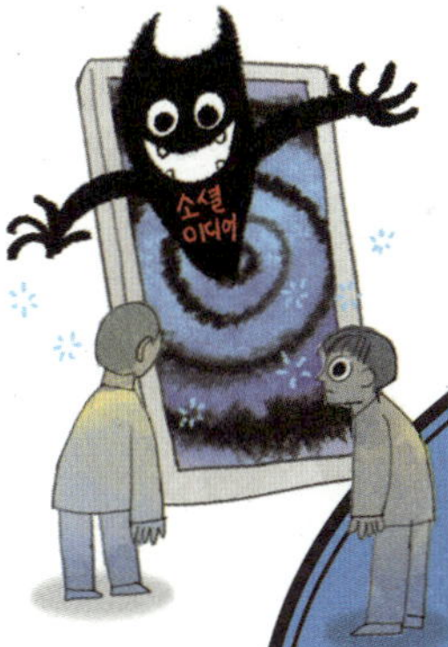
소셜
미디어

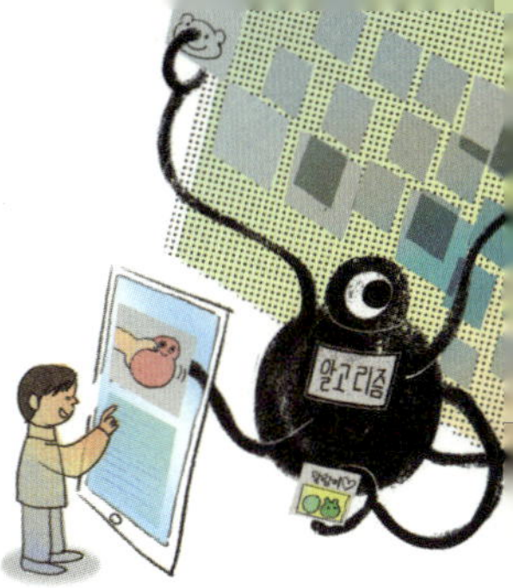
알고리즘

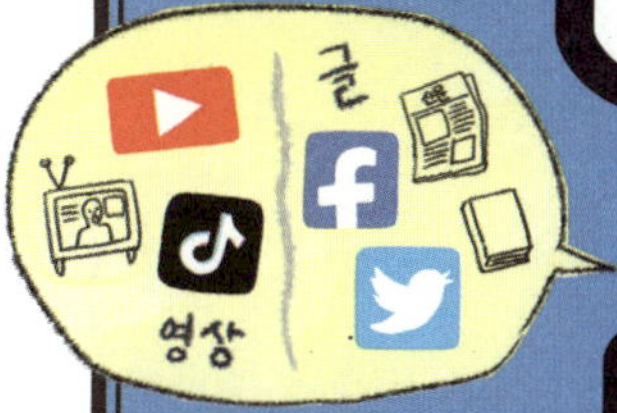
글
영상

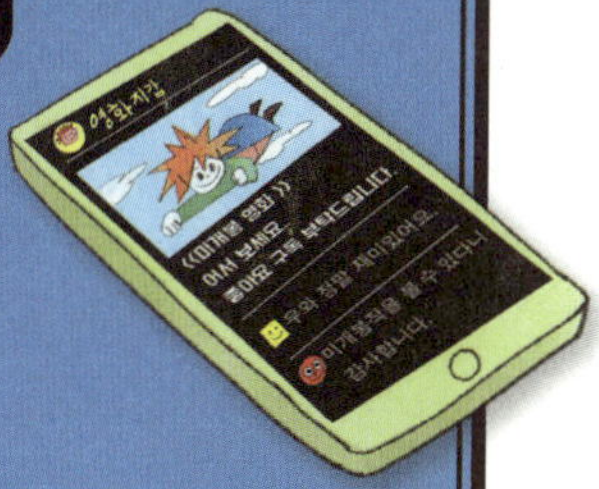

금준경 글 | 오승만 그림

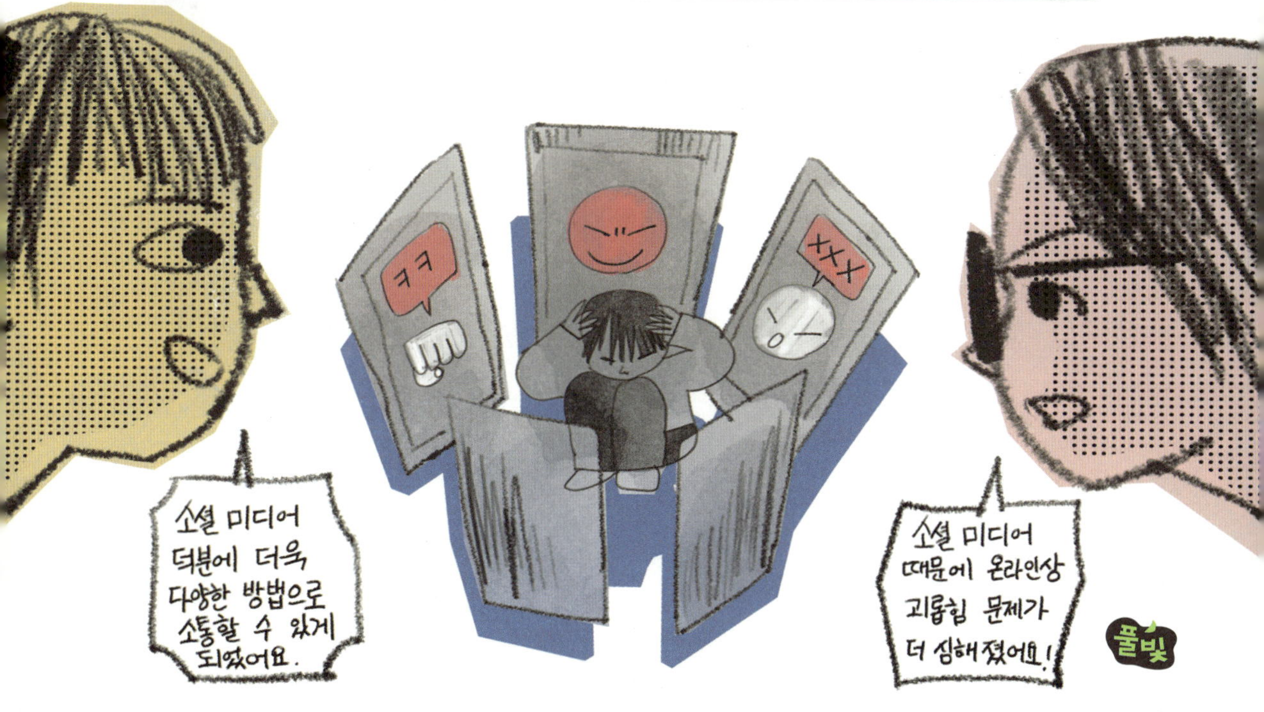
소셜 미디어 덕분에 더욱 다양한 방법으로 소통할 수 있게 되었어요.
ㅋㅋ
XXX
소셜 미디어 때문에 온라인상 괴롭힘 문제가 더 심해졌어요!

풀빛

작가의 말 🔍

소셜 미디어가 이로운 공간으로
무르익도록 함께 노력해요!

    스마트폰은 이제 우리와 떼려야 뗄 수 없는 존재가 되었어요. 2020년 한국 청소년 정책 연구원에서 조사한 결과를 보면 초등학교 고학년 학생들의 스마트폰 보유율은 87.8퍼센트로 나타났어요. 10명 중 9명 정도가 스마트폰을 갖고 있다는 의미죠. 시간이 흐를수록 점점 더 많은 초등학생이 스마트폰을 가지고 있다는 흐름도 나타나고 있어요.

    스마트폰을 가지고 있으면 하루 종일 스마트폰의 유혹에서 벗어나기 힘들죠? 아침에 일어나자마자 습관적으로 들여다보게 되고, 잠들기 직전까지 붙잡고 있는 경우도 많아요. 스마트폰을 많이 쓰면서 자연스럽게 유튜브, 틱톡, 인스타그램, 페이스북 같은 소셜 미디어를 사용하는 시간도 크게 늘었어요.

    여러분이 소셜 미디어를 오래 쓰면 어른들이 걱정할 때가 많을 거예

요. 많은 어른들은 소셜 미디어가 여러분에게 안 좋은 영향을 끼칠 수 있다고 생각해요. 자극적이고 선정적인 콘텐츠, 혐오 표현과 괴롭힘이 넘쳐 나고, 여러분을 스마트폰과 소셜 미디어 중독에 빠뜨릴 수 있다고 우려하는 것이죠.

소셜 미디어는 정말 해롭기만 할까요? 소셜 미디어가 나쁜 점만 있지 않다는 걸 여러분은 잘 알 거예요. 일일이 찾아보지 않아도 우리가 좋아할 만한 콘텐츠를 손쉽게 접할 수 있게 해 주고, 친구들을 만날 수 있는 새로운 공간이 되고, 때로는 우리에게 유익한 정보를 주기도 해요. 소셜 미디어를 통해 사회 문제를 해결하고 민주주의를 발전시키는 놀라운 일도 일어나고 있어요.

소셜 미디어는 우리에게 유익한 공간일까요, 해로운 공간일까요? 어느

하나만 맞고 어느 하나는 틀렸다고 단정하기는 힘들어요. 지금부터 두 학교 학생들의 토론을 통해 소셜 미디어가 우리와 우리 사회에 어떤 영향을 미치는지 여러 관점에서 살펴볼 거예요.

  책을 읽다 보면 나와는 생각이 다른 주장인데도 어느 정도 공감이 되는 부분이 있을 거예요. 양쪽의 이야기를 경청하면서 우리가 일상에서 쓰는 소셜 미디어를 열린 태도로 이해해 보는 시간을 가져 보면 좋겠어요. 토론은 단순히 말싸움 대결을 하는 게 아니라, 더 나은 결론을 만들기 위해 의견을 나누는 과정이니까요.

  사실 소셜 미디어 시대가 시작된 지는 오래되지 않았어요. 지금의 소셜 미디어 세상은 무르익지 않은 채로 여러 시행착오를 거치고 있는 중이라고 생각해요. 그렇기 때문에 그 어느 때보다 우리 이용자들의 진지한 논의가 중요한 것이죠.

　나와 우리 가족, 우리 사회를 이롭게 하는 소셜 미디어가 될 수 있도록, 바람직한 답을 찾기 위한 여정을 시작해 볼게요.

금준경

차례

작가의 말
소셜 미디어가 이로운 공간으로 무르익도록 함께 노력해요!　004

1. 소셜 미디어 토론 대회
토론 대회에 나가기로 했어　012
소셜 미디어란 무엇일까?　019
소셜 미디어에 두 얼굴이 있다고?　023

2. 소셜 미디어는 우리 생활에 어떤 영향을 줄까?
소셜 미디어는 우리말을 해칠까, 더 풍요롭게 할까?　030
소셜 미디어 속 정보는 유익할까, 질이 낮을까?　041
자유로운 창작 활동과 저작권 보호, 무엇이 더 중요할까?　051
함께 정리해 보기 소셜 미디어와 우리 생활에 대한 쟁점　061

3. 소셜 미디어는 마음 건강에 약일까, 독일까?
부모님은 왜 소셜 미디어 사용을 걱정하는 걸까?　066
소셜 미디어는 우리를 행복하게 할까, 불행하게 할까?　072
소셜 미디어 중독 문제를 어떻게 바라봐야 할까?　083
함께 정리해 보기 소셜 미디어와 마음 건강에 대한 쟁점　091

4. 소셜 미디어는 우리 사회를 이롭게 할까?

가짜 뉴스에 속았어!   096
소셜 미디어는 민주주의 발전에 도움이 되고 있을까?   101
소셜 미디어는 다양성을 키우는 무대일까?   116

함께 정리해 보기 소셜 미디어와 우리 사회에 대한 쟁점   129

5. 소셜 미디어 속 기술은 어떻게 쓰이고 있을까?

알고리즘이란 무엇일까?   134
소셜 미디어가 추천해 주는 콘텐츠는 우리에게 이로울까?   142
소셜 미디어의 빅데이터는 장점이 클까, 단점이 클까?   154

함께 정리해 보기 소셜 미디어 속 기술에 대한 쟁점   165

6. 소셜 미디어를 어떻게 규제해야 할까?

소셜 미디어는 악플에 어떻게 대처하고 있을까?   170
자율적인 노력과 정부의 규제, 무엇이 더 효과적일까?   176
토론 대회의 1등은?   190

함께 정리해 보기 소셜 미디어 규제 방법에 대한 쟁점   195

소셜 미디어 토론 대회

1장

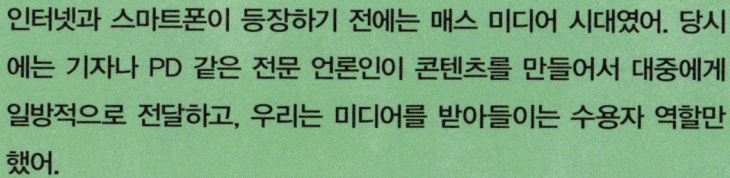

인터넷과 스마트폰이 등장하기 전에는 매스 미디어 시대였어. 당시에는 기자나 PD 같은 전문 언론인이 콘텐츠를 만들어서 대중에게 일방적으로 전달하고, 우리는 미디어를 받아들이는 수용자 역할만 했어.

하지만 지금은 소셜 미디어 시대야. 우리 한 사람 한 사람이 콘텐츠의 이용자이면서 생산자가 되었지. 소셜 미디어를 통해 누구나 자유롭게 콘텐츠를 만들고 소통에 나서면서 더 많고 다양한 목소리가 세상에 전해지게 되었어. 한편으로는 검증되지 않은 정보나 극단적인 목소리도 함께 나와 사회적으로 문제가 되고 있지.

🔔 토론 대회에 나가기로 했어

"일어나야지, 민혁아!"

엄마가 민혁을 흔들어 깨웠다. 민혁의 머리맡에는 스마트폰이 놓여 있었다.

"아휴, 어제 또 스마트폰 하느라 늦게 잠들었지!"

민혁은 전날 밤 게임 유튜버의 실시간 방송을 보다가 늦게 잠이 들었다. 이번 방송은 녹화본을 따로 올리지 않는다고 일찍부터 공지되어 있어서 보지 않을 수 없었다.

민혁이 잠이 덜 깬 채로 방을 나서는데 아빠가 보는 뉴스 화면에 눈길이 갔다. 앵커는 심각한 표정으로 뉴스를 진행하고 있었다. 비몽사몽하여 정확한 말이 귀에 들어오진 않았지만 '소셜 미디어, 이대로 괜찮은가!'라는 큼지막한 자막만큼은 뚜렷하게 보였다. 어린이도 즐겨 보는 유튜브 라이브 방송에서 어린이가 보기에는 부적절한 지나치게 선정적인 장면을 내보냈다는 내용이었다. 앵커는 "소셜 미디어 문제를 집중 진단합니다."라고 말했고, 이어서 어린이가 인터넷 방송에 무려 수천만 원의 후원금을 결제했다는 소식이 뉴스로 나왔다.

민혁이 가방을 메고 집을 나서려는데 아빠가 물었다.

"아들은 어제 무슨 인터넷 방송을 보느라 그렇게 늦게 잤어?"

민혁은 퉁명스럽게 대답했다.

"게임 라방."

아빠가 못 알아들었다는 듯 다시 물었다.

"라이브 방송. 라이브 방송만 하고 나중에는 볼 수 없어서 늦게까지 본 거야."

"이상한 거 본 거 아니야? 저번에 보니까 인터넷 방송에 결제도 좀 했더라."

민혁이 좋아하는 게임 유튜브 채널의 멤버십 회원으로 가입한 금액이었다. 멤버십에 가입한 회원에게만 공개되는 영상이 따로 있어서 가입한 것이었다.

"이상한 거 아니야! 아빠가 TV에서 영화 사서 보는 거랑 비슷해."

"아니긴 뭐가 아니야! 아빠가 지난번에 유튜브 좀 그만 보라고 했지? 소셜 미디어가 얼마나 안 좋은데……."

"아니라고! 아빠는 잘 알지도 못하면서!"

민혁은 아빠와 다투고 집을 나서자마자 스마트폰을 켰다. 메신저 대화방에는 메시지가 잔뜩 와 있었다.

> 민혁아.
>
> 야!
>
> 학교 끝나면 햄버거 먹자.

민혁의 같은 반 친구 하민이었다. 하민은 새로운 음식이 나올 때마다 유튜브에서 먹는 방송을 찾아본다. 새로운 제품이 나온 게 분명했다.

하민이가 보낸 링크를 누르니 유튜브 영상이 떴다.

"자, 오늘은 이번에 새로 나온 대왕치킨 버거를 한번 먹어 보겠습니다. 세트 가격이 5,500원이고요, 구성을 보니까 완전 혜자스럽네요_{가격에 비해서 내용물이 푸짐하고 훌륭하다는 뜻의 신조어}!"

민혁은 영상을 보다 말고 습관적으로 유튜브 '인기' 탭을 눌렀다. 조회 수가 높은 영상들을 모은 화면이라서 재미있는 영상을 보고 싶을 때 찾게 된다. 'XXX의 진실', '진짜 범인은 누구? 경찰을 믿을 수 없다!', '괴물 벌레 등장!', '거지로 속였더니 사람들 반응' 등 자극적인 제목과 내용의 영상이 많았다.

아빠 말에 발끈하긴 했지만, 민혁도 소셜 미디어에 문제가 많다는 건 누구보다 잘 알고 있었다. 하지만 자신은 그런 콘텐츠를 즐겨 보지도 않는데 아빠가 자신을 문제아처럼 대하는 거 같아 화가 났다.

"민혁아, 무슨 고민 있니?"

민혁이 학교에서 멍하니 앉아 있는데 옆으로 이가연 선생님이 다가와

물었다. 선생님은 학생들에게 항상 친구처럼 대해 주고 고민거리도 많이 들어 주었다. 민혁이 좋아하는 유튜버처럼 말이다.

"선생님, 소셜 미디어가 나쁘기만 한 거예요?"

민혁이 물었다. 선생님은 미소를 보이며 다시 물었다.

"왜 그렇게 생각해?"

민혁은 아침에 있었던 일을 털어놨다.

"아빠가 소셜 미디어를 안 좋게 봐서 마음이 불편한가 보구나? 마침 좋은 기회가 있는데, 소셜 미디어에 관심 있으면 이참에 공부 한번 해 보지 않을래?"

"어떤 공부요?"

선생님은 작은 포스터 한 장을 꺼내 보여 줬다. '초등학생의 눈으로 본 소셜 미디어 세상'이라는 제목의 토론 대회가 열린다는 내용이었다.

"우리 풀빛초등학교에서도 출전하면 좋을 거 같아서 말이야. 관심 있으면 이따가 학교 끝나고 도서관으로 와."

선생님이 가고 나서 한참을 고민하던 민혁은 주먹을 불끈 쥐며 결심했다.

"좋아. 소셜 미디어를 본격적으로 공부해서 소셜 미디어가 나쁜 공간이 아니라는 걸 아빠에게 알려 주겠어!"

똑똑똑!

수업을 마친 민혁은 곧장 도서관에 갔다. 도서관 한쪽에 있는 토의실에는 뜻밖에도 예린이 앉아 있었다. 활발한 성격의 예린이 민혁을 반갑게 맞아 주었다.

"너도 토론 대회에 관심 있어서 왔어?"

"어? 선생님이 하자고 해서……."

"그래? 잘됐다. 나도 토론 대회에 나가려고 하거든!"

"그렇구나……. 나는 다른 사람들 앞에서 이야기하는 게 부끄러워서 잘할 수 있을지 모르겠어."

"에이, 잘할 거 같은데? 막히면 내가 도와줄 테니까 나만 믿어!"

예린은 민혁네 반의 반장이다. 노래를 잘 부르는 예린은 동요 대회에 나간 영상으로 유튜브에서 큰 주목을 받았고, 지금은 노래 콘텐츠와 함께 가족과의 일상, 학교생활을 담은 콘텐츠로 부모님이랑 같이 유튜브, 인스타그램 활동을 하고 있다. 당연히 친구들 사이에서도 인기가 많다. 민혁도 예린의 영상을 자주 챙겨 본다. 민혁은 수줍음 많고 덜렁대는 자신과 다르게 활발하고 똑 부러지는 성격의 친구가 함께 대회에 나가게 돼 다행이라고 생각했다.

"그런데 너는 왜 대회에 나가기로 한 거야?"

예린이 방긋 웃으며 답했다.

"소셜 미디어에서 사람들과 어떻게 소통해야 하는지, 악플에는 어떻게 대처해야 하는지 알 것 같으면서도 잘 모르겠더라고. 친척들은 이제 공부를 해야 하니 유튜브는 그만둬야 하지 않겠냐고 걱정하기도 하고……. 앞으로 크리에이터 유튜브 동영상을 만들고 업로드하는 사람 활동을 계속할 수 있을지 고민이 많았는데, 토론을 하다 보면 생각을 정리할 수 있을 거 같아서 참여하게 됐어."

민혁이 공감하는 표정을 지으며 고개를 끄덕였다.

"자! 두 친구가 모두 모였구나."

선생님이 토의실에 들어서며 민혁과 예린을 반갑게 맞았다.

"대회는 한 달 뒤에 열리고, 5주에 걸쳐 총 다섯 번의 토론을 할 거야. 상대를 바꿔 나가면서 토론하는 게 아니라 계속 한 팀과 토론을 벌이고, 각 팀에 점수를 매겨서 순위를 정할 거야."

"월드컵처럼 새로운 팀과 맞붙으면서 상대 팀을 물리치는 게 아니네요. 왜 이런 방식으로 하는 거예요?"

민혁이 물었다.

"토론은 왜 하는 걸까? 혹시 생각해 본 적 있니?"

"음……. 자기 생각을 타당한 근거와 함께 말하면서 다른 사람을 설득하려고 하는 게 아닐까요?"

민혁이 머뭇거리면서 대답했다.

"맞아, 토론도 물론 상대와 싸워서 이기려고 하는 면이 있어. 하지만 우리가 토론을 하는 근본적인 이유가 뭘까? 사회 구성원들은 각자 다른 생각을 갖고 살아. 서로 생각을 공유하고 때로는 논쟁을 하다 보면 의견을 조율할 수 있고, 보다 나은 대안을 찾기도 해. 계속 한 팀과 오랜 시간 생각을 나누다 보면 조금 더 깊이 있는 토론을 할 수 있을 거야. 물론 대회인 만큼 경쟁을 피할 수는 없겠지만 말이야."

"네, 무슨 말인지 알 거 같아요."

예린의 대답에 민혁이 같이 고개를 끄덕였다.

"아참! 이번 대회는 비대면 방식으로 열릴 거야."

2019년 말부터 코로나19 바이러스가 유행하면서 학교에서는 비대면 방식이 많아졌다. 학교에 매일 등교하지 않고 일주일에 2~3일 정도는 온라인 수업을 하기도 했다. 집에서 컴퓨터를 켜 놓고 선생님 말씀을 듣고 발표하는 식으로 말이다.

"인터넷에 접속한 상태에서 치르는 대회이니 시청각 자료를 자유롭게 보여 줄 수 있고, 토론 중에 인터넷 검색도 할 수도 있어. 이 점을 잘 활용해 보자."

민혁은 갑자기 필요한 자료가 생겨도 문제없겠다는 생각에 안도감이 들었다.

🔔 소셜 미디어란 무엇일까?

"자, 이제 본격적으로 소셜 미디어에 대해 알아볼까?"

선생님은 민혁과 예린에게 여러 장의 카드를 나눠 줬다. 카드에는 각각 신문, 방송, 트위터, 페이스북, 유튜브, 틱톡, 인스타그램, 잡지, 책이라고 쓰여 있었다.

"앞에 놓인 카드들은 모두 미디어야. 미디어를 한번 종류별로 분류해 보자."

"신문, 잡지, 책은 글이고, 방송과 유튜브는 동영상이고……. 페이스북과 트위터는 영상으로 내용을 전하기도 하지만 글이 차지하는 비중이 더 크니까 글로 전하는 미디어로 분류하면 될 거 같은데……."

민혁이 혼잣말을 하면서 카드를 두 종류로 분류했다. 민혁이 나눠 놓은 카드를 본 예린이가 고개를 절레절레 흔들었다.

"아니지! 신문과 방송, 잡지, 책은 옛날 미디어고, 유튜브, 틱톡, 페이스

북, 트위터, 인스타그램은 요즘 미디어잖아. 그러니까 옛날 미디어와 요즘 미디어로 구분하는 게 더 적절할 거 같아."

"옛날 미디어랑 요즘 미디어는 뭐가 다른데?"

민혁은 예린의 카드 분류를 흥미롭게 보면서 물었다.

"글쎄……. 나도 정확히는 모르겠는데 옛날 미디어는 우리가 콘텐츠를 볼 수만 있고, 요즘 미디어는 우리가 직접 만들 수 있다는 점이 다른 거 같아."

옆에서 지켜보던 선생님이 설명을 시작했다.

"민혁이의 분류를 보면 미디어가 각기 다른 방식으로 메시지를 전달한다는 점을 알 수 있어. 모든 미디어는 메시지를 전달하는데, 전달 방식에 있어서 차이가 있단다."

선생님이 예린을 보면서 말을 이었다.

"또 예린이의 분류처럼 미디어 회사에서 만든 콘텐츠를 우리가 받아들이기만 하는지, 아니면 우리가 직접 미디어와 소통할 수 있는지에 따라 나뉘기도 하지. 예린이가 말한 '요즘 미디어'는 '소셜 미디어'라고 한단다. 소셜 미디어가 어떤 뜻인지 알아보는 건 숙제야!"

집에 온 민혁은 컴퓨터 앞에 앉았다. 포털 사이트에 접속해 소셜 미디어가 무엇인지 찾아봤다. 소셜 미디어라는 말을 종종 쓰고는 했지만, 정확한 의미는 잘 몰랐다. 검색 결과 '이용자들이 서로 정보와 의견을 공유하고 누구나 콘텐츠를 생산할 수 있는 미디어'라는 걸 알게 됐다.

"그러면 옛날 미디어와 소셜 미디어는 얼마나 다른 거지?"

민혁은 '매스 미디어'라는 연관 검색어가 눈에 들어왔다. 예린이 '옛날 미디어'라고 표현한 신문과 방송이 바로 매스 미디어였다. 매스 미디어는 기자나 PD 같은 사람들이 콘텐츠를 만들어 사람들에게 일방적으로 전

'미디어'란 무엇일까?

미디어는 특정한 메시지를 전달하며 우리와 세상을 연결해 주는 매체를 말한다. 미디어는 크게 매스 미디어Mass Media와 소셜 미디어Social Media로 나눠진다.

매스Mass는 '대중'이라는 의미로, 매스 미디어는 방송사나 신문사 등이 주체가 되어 대중에게 메시지를 전달하는 미디어를 뜻한다. 매스 미디어는 메시지를 일방적으로 전달하고, 특정되지 않은 수많은 사람에게 메시지를 전한다는 특징도 있다.

소셜 미디어는 누구나 자유롭게 메시지를 만들어 사람들과 소통할 수 있다는 차이가 있다. 불특정 다수가 아닌, 관계나 친분 또는 취향을 중심으로 특정한 사람들하고만 메시지를 주고받을 수도 있다.

소셜 미디어는 흔히 SNSSocial Network Service와 같은 의미로 생각하는데, 엄밀히 말하면 SNS보다 조금 더 큰 범위를 뜻한다. SNS의 N은 '네트워크Network', 다시 말해서 사람 간의 관계를 가리킨다. 사람 간의 관계를 중심으로 소통하는 서비스인 페이스북, 인스타그램, 트위터가 대표적인 SNS이다. 소셜 미디어는 블로그, 위키백과, 유튜브 그리고 커뮤니티 등 사람들이 직접 콘텐츠를 만들고 소통할 수 있는 여러 서비스와 카카오톡과 같은 메신저가 모두 포함되는 개념이다.

소셜 미디어는 어떤 형식으로 메시지를 전달하는지에 따라 구분할 수도 있다. 유튜브와 틱톡은 영상을, 인스타그램은 사진을, 페이스북과 트위터는 글을, 클럽하우스와 스푼라디오는 음성을 중심으로 한 소셜 미디어이다.

달하고, 사람들과 소통할 수 없다는 점에서 소셜 미디어와 크게 달랐다.

"맞아, 맞아."

민혁은 고개를 끄덕였다. 자신이 즐겨 보는 게임 채널의 유튜버는 실시간 방송을 통해 일주일에 두 번씩 소통했다. 채팅이나 댓글로 궁금한 점을 물어보면 답해 주고, 구독자들이 요청한 게임을 해 주기도 했다. 하루는 민혁이 고민거리를 털어놓자 상담을 해 준 적도 있다. 민혁은 동경하는 유튜버가 자신의 이야기에 귀 기울여 준 그날을 잊을 수 없다. TV 방송을 볼 때 민혁은 그저 TV를 쳐다보는 사람이지만, 소셜 미디어에서는 자신의 반응과 목소리가 반영되었기 때문에 소셜 미디어가 더욱 값지게 느껴졌다.

🔔 소셜 미디어에 두 얼굴이 있다고?

숙제를 검사하는 시간이 됐다. 토론 방식을 연습할 겸 비대면 수업 프로그램을 통해 이야기를 나눴다.

"아아, 내 소리 들리니?"

예린에 이어 민혁이 접속하자 선생님이 마이크 테스트를 했다.

"숙제 검사를 해 볼까? 미디어의 종류에 대해 민혁이가 말해 보자."

민혁은 어젯밤 조사한 내용을 설명하며 자신이 좋아하는 유튜버 얘기를 꺼냈다.

"좋아, 좋아. 그러면 소셜 미디어는 좋은 점만 있을까?"

선생님이 질문했다. 민혁은 잠시 생각에 잠겼다.

"꼭 그렇지만은 않은 거 같아요."

민혁이 유튜브 영상 링크를 보냈다. 유튜버가 검은 정장을 입고 사과하는 모습이 담긴 영상이었다.

"얼마 전 프랜차이즈 치킨집 배달원이 배달 음식을 빼 먹었다는 영상이 올라온 적이 있어요. 저도 이걸 보고 화가 많이 났는데, 알고 보니 거짓말이었어요. 또 한번은 직접 먹어 보고 후기를 말하는 리뷰 영상을 보고서 새로 나온 햄버거를 사 먹었는데, 리뷰와 다르게 맛이 형편없던 적도 있었어요. 아마 햄버거 회사에서 돈을 받고 광고한 거면서 자신의 솔직한 리뷰처럼 속인, 요즘 말로 '뒷광고'였던 거 같아요."

"예린이는 어떻게 생각해?"

선생님 말에 예린이 답했다.

"음, 솔직히 소셜 미디어를 통해서 많은 사람이 저를 좋아해 줘요. 얼마 전에 올린 아이돌 노래를 부른 영상은 조회 수가 5만을 넘기도 했고요. 다들 제가 좋은 가수가 될 거라고 말해 줬어요. 이렇게 많은 사람에게 저를 알리고 또 응원을 받다 보니 저는 제 꿈에 더 확신을 갖게 됐어요. 옛날에는 소셜 미디어가 없었다고 하는데, 그런 시대에 태어났으면 저는 지금과는 아주 다른 사람이 돼 있었을 거 같아요."

예린이 말을 멈추고 잠시 생각하더니 말을 이었다.

"한편으로는 힘든 면도 있어요. 악플을 볼 때마다 스트레스를 받아요. 이상한 메시지를 보내는 사람들도 있고요."

많은 구독자를 가진 예린처럼 민혁도 유튜버가 되고 싶은 적이 있었다. 하지만 악플에 시달릴 걱정에 금방 마음을 접었다.

둘의 이야기를 들은 선생님이 말했다.

"선생님은 소셜 미디어가 일종의 도구라고 생각해. 이 도구를 어떻게 쓰느냐에 따라 세상을 좋게 바꿀 수도 있고, 반대로 더 나쁘게 만들 수도 있겠지? 앞으로 본격적으로 토론을 하게 되면 더 많은 공부와 고민이 필요할 거야. 남은 시간 동안 이런 점들을 생각하면서 대회를 잘 준비해 보자, 알았지?"

소셜 미디어는 우리 생활에 어떤 영향을 줄까?

2장

소셜 미디어는 우리 일상에 많은 영향을 미치고 있어. 우리가 자주 사용하는 신조어 중에는 소셜 미디어에서 생겨난 말이 많아. 또 우리는 소셜 미디어 콘텐츠를 통해 학업에 많은 도움을 받고 있어. 그러나 한편으로 신조어가 세대 간의 소통을 방해하기도 하고, 소셜 미디어상에는 우리 생활에 해가 되거나 다른 사람의 권리를 침해하는 콘텐츠도 적지 않아. 이번 장에서는 소셜 미디어가 우리 일상에 미치는 영향의 두 가지 측면을 따져 보자.

소셜 미디어 사용 **찬성** 팀

소셜 미디어는 우리 일상에 긍정적인 영향을 주고 있어. 소셜 미디어 공간에서 신조어가 생겨나면서 우리의 언어생활은 더욱 풍요로워졌어. 소셜 미디어 때문에 언어 습관이 나빠지고 있다고 보는 시선도 있지만, 그게 꼭 소셜 미디어 탓일까? 신조어는 어느 시대에나 있어 왔는걸?

소셜 미디어에서 접하는 다양한 콘텐츠를 통해 우리는 제품을 살 때 도움을 받고, 무료로 유익한 공부도 하고 있어. 저작권은 창작자 입장에서는 당연히 보호받아야 하는 권리이지만, 정보와 자료를 공유하면 더 다양한 창작물이 만들어질 수 있다는 점도 생각해 봐야 해.

소셜 미디어 사용 반대 팀

소셜 미디어는 우리 생활에 부정적인 영향을 끼치고 있어. 소셜 미디어를 통해 수많은 신조어가 쏟아지고 있는데, 이 중에는 혐오를 불러일으키거나 질 나쁜 표현이 많아. 또 신조어는 신조어를 잘 알지 못하는 어른들과 소통을 어렵게 하기도 해.

이뿐만이 아니야. 소셜 미디어에는 위험한 도전을 부추기거나, 뒷광고처럼 우리를 속이는 콘텐츠가 많아. 누구나 자유롭게 콘텐츠를 만들어 올릴 수 있게 되면서 저작권 침해 문제도 나날이 커지고 있어.

🔔 소셜 미디어는 우리말을 해칠까, 더 풍요롭게 할까?

대회 날이 밝았다. 학교 멀티미디어실에 민혁과 예린 그리고 이가연 선생님이 자리를 잡았다. 민혁과 예린은 헤드셋을 끼고 컴퓨터 켜고서 대회에 참가할 준비를 했다.

선생님의 메시지가 도착했다.

'이 링크로 들어오렴.'

링크를 클릭한 민혁은 '참가하시겠습니까?'라는 문구를 보는 순간 민혁은 몸이 떨렸다. 처음 하는 토론이라 긴장이 많이 됐다.

'네'를 누르자 화면에 사람들의 얼굴이 떴다. 유튜버로 활동하는 예린의 표정에서는 여유가 느껴졌다. 대회 관계자들과 상대 팀 학생들이 한 명씩 접속하기 시작했다. 비대면 환경이었지만 양쪽 모두 팽팽한 긴장감이 느껴졌다.

민혁이 심호흡을 하는 와중에 사회자가 접속했다. 정장을 입고 넥타이를 하고 머리를 말끔하게 뒤로 넘긴 아나운서 김준수였다.

"자, 모두 잠시 마이크를 꺼 주시고요."

마이크를 켜 놓으면 소음이 들어가기 때문에 말을 하지 않을 때는 마이크를 꺼야 한다. 비대면 수업을 받아 온 민혁과 아이들에게는 익숙해진 기본 에티켓이다.

"지금부터 교육부에서 주관하는 어린이 토론 대회를 시작하겠습니다!"

대회의 시작을 알리는 말에 토론 참가자들이 힘껏 박수를 쳤다.

"우리는 매일 소셜 미디어를 이용하고 있습니다. 비대면 방식의 소통이 활발해지면서 소셜 미디어 이용은 더욱 늘었지요."

사회자가 화면 속 두 팀을 한 번씩 보고 다시 말을 시작했다.

"그런데 최근 소셜 미디어상에서 많은 사건 사고가 일어나고 있습니다. 어린이들과 관련된 문제도 크게 늘었지요. 우리는 소셜 미디어가 과연 어떤 공간인지 고민하고 성찰하는 시간이 많이 부족했던 것 같습니다. 그래서 교육부에서는 이번 대회를 통해 어린이들에게 소셜 미디어에 대한 다양한 의견을 들어보는 시간을 갖고자 합니다. 그러니 여러분의 생각을 솔직하게 이야기해 주면 좋겠습니다!"

두 팀의 아이들은 이해했다는 듯 고개를 끄덕였다.

사회자가 또박또박한 발음으로 말을 이어 갔다.

"대회 방식을 설명하겠습니다. 토론마다 큰 주제가 있고 세부 토론 주제로 제시어가 몇 가지 주어집니다. 제시어를 듣고 소셜 미디어와 관련한 각자의 생각을 논리정연하게 이야기해 주면 됩니다. 서로를 존중하는 차원에서 토론은 존댓말로 하도록 하겠습니다. 팀원의 발언을 보충하거나 다른 팀 발언에 반박하는 것은 자유롭게 할 수 있습니다만, 반드시 발언이 끝난 다음에 말을 시작해 주세요. 비대면 토론인 만큼 언제든 '화면 공유' 버튼을 눌러 시청각 자료를 보여 주면서 토론할 수 있습니다."

사회자는 손에 든 종이를 잠시 보더니 다시 고개를 들고 말을 이었다.

"자, 오늘 대회는 두 학교의 학생들이 출전했습니다. 풀빛초등학교의 민혁과 예린 학생, 그리고 푸름초등학교의 준형과 이슬 학생입니다. 각자 인사 나누세요."

"안녕하세요?"

"반갑습니다."

두 팀은 미소를 지으며 인사를 주고받았다. 민혁은 화면 너머로 준형의 듬직한 어깨가 눈에 들어왔다. 옆 화면에 있는 이슬은 뿔테 안경을 끼고

있었다.

"사전에 제비뽑기를 통해 입장을 나눴습니다. 풀빛초 학생들은 소셜 미디어 사용 찬성을, 푸름초 학생들은 소셜 미디어 사용 반대 입장으로 토론을 벌이면 됩니다. 앞으로 풀빛초 학생들을 '찬성 팀'으로, 푸름초 학생들을 '반대 팀'으로 부르겠습니다. 오늘의 주제는 '소셜 미디어와 우리 생활의 변화'입니다. 소셜 미디어가 우리 일상에 긍정적인 영향을 주었는지, 아닌지 토론해 보겠습니다. 제시어 보여 주세요!"

화면에 '신조어'라는 키워드가 떴다. 사회자가 말을 이어 갔다.

"신조어는 새롭게 생긴 말을 뜻합니다. 요즘 소셜 미디어를 중심으로 한 온라인 공간에서 많은 신조어가 생겨나고 있습니다. 이 신조어가 우리말을 더욱 풍성하게 해 주는지, 아니면 문제 있는 표현이 늘어나고 있는 것인지 사회적으로 논쟁이 이어지고 있습니다. 이에 대한 주장과 근거를

제시해 주면 됩니다."

사회자의 설명이 이어지는 동안 민혁은 머릿속으로 어떤 신조어에 대해 말해야 토론을 잘할 수 있을지 떠올리느라 안간힘을 썼다.

"저희가 먼저 하겠습니다."

반대 팀의 준형이 화면 너머에서 손을 들고 말했다.

"네, 좋습니다."

준형이 인터넷 창을 띄워 비췄다. 유튜브, 페이스북, 인스타그램 검색 창에 신조어를 검색할 때마다 의미를 알기 힘든 신조어들, 그중에서도 선정적이거나 혐오와 차별을 불러일으키는 표현들이 눈에 들어왔다.

"소셜 미디어상에는 이런 저속한 신조어가 아주 많아요. 소셜 미디어를 통해 누구나 자유롭게 말할 수 있게 되면서 나쁜 표현들이 많이 퍼지고 있습니다. 우리 어린이들이 이런 이상한 신조어를 많이 접하다 보면 안 좋은 표현을 더 많이 쓰게 되겠죠. 말은 자신의 생각을 표현하는 통로입니다. 아무렇지 않게 그런 신조어들을 쓰다 보면 생각 또한 그런 방향으로 흘러가게 될 수 있습니다."

준형이 첫 발언을 끝내자 정적이 흘렀다. 사회자가 말을 시작했다.

"자, 좋습니다. 반대 팀이 발언을 했습니다. 추가로 반대 팀이 이어서 토론을 해도 되고, 그렇지 않으면 찬성 팀에서 의견을 내면 되겠습니다. 한 팀의 발언이 너무 길어진다 싶으면 제가 제지를 할 테니 그때까지는 편하게 말하면 됩니다. 자, 어느 팀이 발언하겠습니까?"

민혁은 당황한 채 예린이의 얼굴을 쳐다봤다.

"내가 먼저 얘기할게."

예린이 나지막이 말하며 마이크를 켰다.

"소셜 미디어 공간에 안 좋은 표현이 있는 건 맞아요. 그런데 저는 반대 팀의 지적이 성급한 일반화라는 생각이 들었어요. 몇몇 신조어에 문제가 있으니 신조어가 모두 문제인 걸까요? 또 신조어가 생긴 것이 모두 소셜 미디어 때문인가요? 저는 그렇게 생각하지 않아요."

예린은 화면 공유 기능을 켠 다음 포털 사이트의 검색 기능을 활용해 옛날 신문들의 기사 화면을 띄웠다.

"'신조어'라고 검색해 보면 '짱', '왕따' 이런 표현들이 뜨네요. 당시에는 소셜 미디어가 활성화되지 않았지만 신조어가 계속 만들어졌어요. 이번에는 국립 한글 박물관에 전시된 1920년대 사전 내용을 보겠습니다."

예린은 다시 빠르게 검색했다.

"'모뽀'라는 단어가 있어요. 당시 한복을 입지 않고 서양식으로 꾸민 남자를 뜻하는 '모던 보이'를 이렇게 불렀던 거죠. 이것은 신조어는 소셜 미디어와는 무관하게 언제든 생겨난다는 걸 보여 줍니다."

예린의 말을 듣고 민혁은 고개를 끄덕일 수밖에 없었다. 민혁은 신조어는 당연히 소셜 미디어를 통해 퍼진다고 생각했고, 예전부터 있었다는 사실도 처음 알았다.

사회자가 다시 마이크를 켰다.

"찬성 팀에서 반박이 나왔는데, 반대 팀 다시 반박할 말이 있나요?"

이슬이 차분하게 손을 들고 마이크를 켰다.

"토론을 준비하면서 논문 사이트에서 찾은 자료가 있어요. '청소년의 SNS 사용 습관이 신조어 인식에 미치는 영향에 관한 연구'라는 제목의 논문입니다."

이슬은 어려운 논문 제목을 또박또박 읽었다.

"청소년 198명을 설문 조사한 내용을 보면 SNS 사용 시간이 길수록 신조어를 더 많이 쓰고 나쁜 언어 습관을 갖는 것으로 나타났어요. 이 논문만 보아도 소셜 미디어와 나쁜 신조어의 관계를 무시할 수 없다는 것을 알 수 있어요."

민혁은 놀라서 입을 다물지 못했다. 민혁은 토론을 준비하며 포털 사이트에서 기사와 블로그를 열심히 뒤졌지만, 논문까지 찾아볼 생각은 하지 못했다.

"자, 좋습니다. 두 팀 다 논리적으로 주장을 펼쳐 주었는데, 그러면 지금부터는 조금 더 범위를 넓혀서 신조어가 사람들의 소통에 어떤 영향을 미치는지 토론해 주세요."

준형이 적극적인 태도로 다시 나섰다.

"아까 이슬 학생이 말한 논문을 보면 자주 쓰는 신조어 가운데 '야민정음'이 언급돼 있습니다. 야민정음은 한글의 자음이나 모음을 비슷한 모양의 다른 글자로 바꿔서 쓰는 걸 말합니다. 이를테면 명언을 '띵언'이라고 하고, 대머리를 '머머리', 멍멍이를 '댕댕이'라고 부르는 식이죠."

준형이 숨이 찬지 잠시 숨을 고르고 다시 말을 이었다.

"또 소셜 미디어상에서는 줄임말이 자주 쓰이고 있습니다. 같은 논문을 보면 요즘 신조어들은 '취존 취향 존중', '갑분싸 갑자기 분위기 싸해짐' 등 대부분 줄임말이었습니다. 야민정음이나 줄임말을 쓰면 재미있고 소통이 조금 더 빨리 이루어지기도 하지만, 문제는 이러한 문화에 익숙하지 않은 어른들은 알아보기 힘들어서 세대 간의 소통을 방해하는 결과로 이어진다는 겁니다."

"주장을 뒷받침할 수 있는 근거가 있습니까?"

예린이 물었다.

"2019년 성인 남녀 2,046명을 대상으로 '언어에 따른 세대 차이'를 주제로 설문 조사를 실시했는데 무려 79.4퍼센트가 '신조어로 인해 세대 차이를 느낀 적이 있다.'고 답변했습니다. 사회는 여러 사람이 화합하는 게 중요합니다. 소셜 미디어에서 이루어지고 있는 무분별한 언어생활이 계속된다면 세대 간의 소통이 더욱더 안 되고 말 것입니다."

민혁은 얼마 전 '라방'이라는 말을 아빠가 알아듣지 못한 일이 기억났다. 또 언젠가 할머니와 메신저로 대화하는데 할머니가 '취존'이 무슨 뜻인지 몰라서 소통이 잘 안 됐던 적도 있었다. 할머니는 내 앞에서는 뜻을 물어보지 못하고, 나중에 엄마한테 넌지시 물어봤다고 했다. 민혁은 속으로 상대편의 주장이 일리가 있다고 생각했다.

'그래. 토론은 의견을 조율하는 면도 있다고 선생님께서 그러셨지. 인정할 건 인정하자.'

준형의 말에 잠시 망설이던 민혁이 입을 열었다.

"맞아요. 소셜 미디어에서 신조어가 많이 쓰이면서 세대 간 소통이 단절되는 문제가 일어나고 있다는 점 인정합니다. 하지만 신조어는 우리 사회를 반영하는 면도 있다는 걸 함께 생각해 보면 좋겠어요."

민혁은 잠시 심호흡을 한 다음 말을 이었다.

"신조어를 검색하다 보니 '금수저'라는 말도 있더라고요. 영어에 '은수저를 입에 물고 태어났다.'라는 표현이 있는데, 부유한 집에서 태어났다는 의미거든요. 우리나라에서는 '은'을 '금'으로 바꿔서 '금수저'라고 표현한 거죠. 금수저가 나오니까 이와 비교되는 개념으로 '흙수저'라는 말도 생겨났어요. 2015년에는 대학생이 뽑은 가장 많이 쓰는 신조어로 금수저가 선정되기도 했어요. 금수저가 이렇게 자주 쓰이게 된 것은 이 신조어가 잘사는 사람과 못사는 사람 사이의 양극화가 점점 더 심해지고 있는 우리 사회 현실을 잘 보여 주는 적절한 표현이었기 때문이 아닐까요?"

"그러면 세대 간 단절 문제는 무시해도 된다는 겁니까?"

준형이 재빠르게 질문을 던졌다.

민혁이 잠시 당황한 표정을 지었지만 이내 답변을 이어 갔다.

"물론 세대 간 단절 문제를 외면해선 안 된다고 생각해요. 하지만 그렇다고 해서 우리의 언어생활을 풍요롭게 하는 언어의 사용을 무조건 안 좋게 봐야만 할까요? 신조어를 쓰는 건 우리들의 문화이기도 하고, 그러면서 더 즐겁게 소통할 수도 있는 면도 있잖아요."

준형이 마이크를 켜며 반박을 하려 했다.

"하지만 그런 면보다는……."

곧 사회자가 손바닥을 앞으로 펼쳐 보이며 제지했다.

"자, 좋습니다. 토론이 맴도는 듯하네요. 신조어 토론은 시간 관계상 여기까지 하겠습니다."

사회자가 토론 내용을 간략하게 정리하였다.

"신조어에 대한 다양한 의견이 나왔습니다. 나쁜 의미의 신조어가 적지 않고, 저속한 신조어가 소셜 미디어를 통해 퍼지고 있다는 문제점을 지적했습니다. 이에 대해 신조어는 꼭 소셜 미디어에서만 생산되는 것이 아니라 어느 시대에나 존재했다는 반박이 이어졌습니다. 신조어 사용이 세대 간 단절로 이어지는 문제가 있는가 하면, 우리 언어생활을 더 풍요롭게 만들어 주는 장점도 있다고 이야기해 주었습니다."

토론의 핵심을 콕 집어 요약하는 걸 보고 민혁은 역시 사회자는 아무나 맡는 게 아니라고 생각했다.

사회자의 말이 이어졌다.

"대회에서 이겨야 한다는 마음이 들 수도 있지만, 대회 이전에 토론인 만큼 상대의 의견을 듣고 받아들일 수 있는 이야기는 받아들이는 것이 좋습니다. 토론은 생각이 다른 서로가 의견을 나누면서 정답을 찾는다는 점에서 의미 있는 거니까요."

토론 참여자들은 모두 고개를 끄덕였다.

"자, 잠시 쉬었다가 다음 토론을 이어 가지요."

🔔 소셜 미디어 속 정보는 유익할까, 질이 낮을까?

"남들 앞에서 얘기하는 거 잘 못 한다더니, 잘하네!"

10분 동안 주어진 휴식 시간에 예린이 민혁에게 말을 건넸다.

"어……. 내가 무슨 말을 한지도 모르겠다."

민혁이 어리둥절한 표정을 지으며 답했다. 민혁은 좀 정신없기는 해도 걱정했던 것보다는 할 만하다는 생각이 들었다.

"잘했어! 민혁아, 예린아!"

멀티미디어실 밖에서 토론을 지켜보던 선생님이 들어왔다. 선생님은 양손에 물잔을 들고 있었다. 목이 탔던 민혁은 선생님이 건네준 물을 벌컥벌컥 마셨다.

"지금처럼 상대의 말을 끝까지 듣고 차분하게 이야기하는 게 중요해. 자신의 경험을 솔직하게 얘기하는 것도 좋은데, 누구나 동의할 수 있게 설명을 잘하면 더 좋아."

선생님이 시계를 보고 말했다.

"쉬는 시간이 몇 분 안 남았구나. 남은 시간 동안 준비해 온 자료 한 번씩 더 읽어 보고! 파이팅!"

선생님은 민혁, 예린과 하이파이브를 하고 다시 멀티미디어실 밖으로 나갔다. 토론자들이 부지런히 자료를 보는 동안 쉬는 시간이 끝났다.

"자, 오늘의 두 번째 제시어입니다!"

화면에는 '정보'라는 두 글자가 떴다. 사회자가 말을 이었다.

"이번에는 소셜 미디어에서 퍼지는 정보가 어떤 성격을 띠고 있는지 토론해 보겠습니다. 소셜 미디어상에서는 아주 다양한 정보가 오가는데, 이 정보는 과연 우리에게 유용한지 아니면 해가 되는지 토론을 하면 됩니다. 이번에는 찬성 팀이 토론을 시작해 주세요."

예린은 먼저 이야기를 시작하겠다는 신호를 보냈다.

"잠시 화면 공유를 사용하겠습니다."

예린은 '맘 카페'를 검색해 접속했다. 포털 사이트와 SNS 등 다양한 곳에 맘 카페가 있었다. 어느 가게가 맛집인지 공유하고, 동네에서 벌어진 크고 작은 소식을 알리는 글들이 올라와 있었다.

"저희 엄마는 맘 카페에 매일 들어가요. 어린이집에 갓 들어간 제 동생을 위해 육아 정보를 얻으려고요. 또 안 쓰는 장난감을 저렴한 가격에 판매한다는 글을 보고서 동생에게 필요한 장난감을 중고로 사 오기도 한답니다."

다음으로 예린은 팟캐스트 화면을 띄웠다. 영어 회화를 가르쳐 주는 여러 채널이 인기 팟캐스트 순위에 올라와 있었다.

"팟캐스트는 음성으로 내용을 전하는 미디어예요. 소셜 미디어계의 라디오라고 생각하면 돼요. 방송 시간에 맞춰 들을 필요 없이, 구독만 해 놓으면 아무 때나 들을 수 있다는 점은 라디오랑 다르지만요. 저희 사촌 언니도 팟캐스트를 통해서 영어 공부를 하고 있어요. 강의를 듣다 궁금한 점이 있으면 댓글을 남기고 답변을 받아요. 이처럼 소셜 미디어는 여러 사람에게 필요하고 도움이 되는 공간으로 자리 잡았어요."

"저, 그리고……."

민혁이 이어서 말했다.

"유튜브에 애니메이션을 통해서 다양한 정보를 알려 주는 채널이 있어요. 재미있어서 보다 보면 나도 모르게 공부가 많이 돼요. 제가 최근에 인상 깊게 본 영상은 '하늘로 총을 쏘면 어떻게 될까?'예요. 그냥 궁금해서 눌러 봤는데, 총알이 어떻게 날아가는지 원리를 알게 됐고 중력이 어떻게 작용하는지도 배웠어요. 학교에서 선생님이 가르쳐 주는 것보다 재미있게 과학 지식을 익혔어요."

민혁의 말이 끝나자마자 반대 팀의 준형이 단호한 말투로 물었다.

"유튜브에 이렇게 공부에 도움이 되는 정보가 많은지 어떻게 알 수 있나요? 근거가 부족하지 않나요?"

"아, 음……."

개인의 경험을 중심으로 이야기하다가 허점을 찔린 민혁은 준비한 자료를 꺼내 들었다.

"유튜브에 쓸모없는 정보만 있는 게 아니라는 걸 부모님에게 알려 주고 싶어서 기사를 찾아본 게 있어요. 2018년 시민 1천 명을 대상으로 한 설문 조사 결과인데, 사람들이 주마다 평균 3.6회, 이틀에 한 번씩 유튜브에서 러닝 콘텐츠를 시청한 것으로 나타났어요. 러닝 콘텐츠는 어떤 분야든 여러모로 공부에 도움이 되는 콘텐츠를 뜻해요. 연령대별로 보면 유튜브에서 러닝 콘텐츠를 본다는 응답은 10대가 26.8퍼센트로 가장 높았어요."

토론을 지켜보던 사회자가 민혁에게 말했다.

"사람들이 많이 보는 러닝 콘텐츠에 어떤 종류가 있는지도 함께 설명해 주면 좋을 거 같네요."

민혁이 종이를 분주하게 살펴보다 시선이 멈췄다.

"아, 여기 있네요. 종류별로 보면 악기 연주나 보컬 트레이닝 등을 포함한 음악 관련 콘텐츠를 본다는 응답이 많았어요. 다이어트 정보나 정리 수납, 운전 등의 생활 지식, 홈 트레이닝을 포함해서 요가, 스트레칭 자세 등을 알려 주는 운동 등 아주 다양한 분야를 본다고 했어요. 조사를 보면 유튜브로 공짜로 러닝 콘텐츠를 접하다 보니 1년에 30만 원을 절약했다는 내용도 있어요."

잠시 정적이 흘렀다. 준형이 무언가 떠오른 듯한 표정을 지으며 말을 꺼냈다.

"혹시 '코인 사기'라고 들어 보았습니까?"

준형은 추가로 반박하는 대신 화제를 바꾸기로 마음먹었다.

온라인에서 사용되는 디지털 화폐인 '비트코인'으로 하는 투자가 인기를 끌면서 초등학생 사이에서도 코인은 화제가 됐다. 강아지가 그려진 '도지코인'은 인터넷상에 재미용으로 올리는 사진이나 그림으로도 많이 쓰였다.

민혁과 예린이 대답을 하려는 순간 준형이 말을 이었다.

"코인 투자 방법을 알려 준다는 소셜 미디어 게시글이나 영상이 많은데, 이와 관련해서 이런 뉴스가 보도되었습니다. 잠깐 뉴스 화면을 보겠습니다."

뉴스 화면에는 '소셜 미디어로 인한 사기 피해 줄줄이······.'라는 자막이 보였다. 앵커는 심각한 표정으로 "가상 화폐와 관련된 사기 사건이 끊이지 않고 있습니다."라고 말했다. 코인으로 돈 버는 방법을 알려 준다고 해 놓고선, 실제로 있지도 않은 거래소에 돈을 넣게 한 다음 그 돈을 가지고 달아난 사기 사건을 다룬 뉴스였다.

"이틀 동안에만 검찰에 고소장을 낸 피해자가 120여 명입니다. 피해 금액은 15억 원가량인데, 앞으로 피해자와 금액 모두 크게 불어날 걸로 보입니다."

뉴스 속 기자가 말했다. 준형이 자신감에 찬 표정으로 말했다.

"소셜 미디어가 유용한 정보를 준다고 보기에는 이런 문제가 너무 많습니다. 위험한 내용을 담은 콘텐츠도 있고요. 유튜브의 법이라고 할 수 있는 '커뮤니티 가이드'를 보면 '위험한 콘텐츠'를 금지하고 있는데, 왜인지 아나요? 미국에서 세탁 세제를 먹는 영상을 보고 많은 어린이가 따라 했어요. 위험한 행동을 도전 놀이처럼 하면서 많은 사람이 피해를 입었습니다. 이런 콘텐츠가 우리에게 도움을 줍니까? 소셜 미디어는 거짓 정보와 위험한 콘텐츠로 오히려 사람들에게 피해를 주고 있어요!"

"아니, 그런 것도 있지만 도움 되는 것도 분명히 있잖아요!"

준형이 언성을 높이자 민혁도 어깨를 들썩이며 따지듯이 말했다. 그러

자 사회자가 나서서 제지했다.

"자, 좋습니다. 무언가를 배울 수 있는 소셜 미디어 콘텐츠를 보면 긍정적인 면도 있고, 정보를 주는 것처럼 보이지만 실은 사기이거나 위험하고 질이 떨어지는 콘텐츠도 있다는 게 양측 의견이었습니다. 이쯤에서 화제를 바꿔 보면 좋겠습니다. 소셜 미디어에는 제품을 써 보거나 식당에 가 보고서 그 후기를 담은 콘텐츠도 많지요. 리뷰 콘텐츠가 소셜 미디어상에서 큰 인기를 끌고 있는데, 이러한 콘텐츠에 대해서는 어떻게 생각하는지 토론해 주세요."

사회자가 설명하는 동안 감정을 가라앉힌 민혁이 다시 말을 꺼냈다.

"소셜 미디어 덕에 유용한 정보가 많아졌다고 생각해요. 예를 들어서 새로운 햄버거가 나오면 TV 광고만 봐서는 저게 맛있는지 맛없는지 잘 알 수가 없어요. 그런데 유튜브나 인스타그램을 보면 직접 먹어 보고서 올린 리뷰 콘텐츠가 많아요. 이걸 보면 제품에 대해 더 생생한 정보를 얻을 수 있고, 도움도 많이 돼요. 제 친구는 손으로 주무르면서 노는 새로 나온 말랑이가 어떤지 궁금했는데, 유튜브 리뷰 영상을 보고선 장난감이 실제로 어떤 느낌인지 잘 알게 됐어요. 미리 영상을 본 덕분에 후회 없이 물건을 살 수 있었고요. 그런데 TV에는 우리 어린이들이 자주 가지고 노는 말랑이에 대해 알려 주는 콘텐츠가 없어요."

민혁의 말을 들으며 고개를 끄덕이던 이슬이 마이크를 켰다.

"그런데 리뷰 콘텐츠의 정보가 언제나 믿을 만한 것일까요?"

이슬의 기습 질문에 민혁은 어리둥절한 표정을 지었다. 예린은 어떤 반

박을 하려고 저 말을 하는지 직감했다.

"유튜브나 인스타그램, 페이스북을 통한 뒷광고 문제가 정말 심각했잖아요. 유명 패션 인스타그래머는 자신이 직접 돈을 주고 산 옷이라며 게시물을 올렸고, 게시물을 본 많은 사람이 그 옷을 따라 샀어요. 하지만 알고 보니 그 옷을 만든 회사에서 돈을 받고 올린 광고 게시물이었지요. 먹는 영상을 올리는 유튜버는 식당에 가서 음식이 아주 맛있다며 식당을 추천하는 영상을 올렸어요. 자기가 직접 돈 내고 먹었다며 영수증까지 보여 줬지만 알고 보니 이것도 뒷광고였어요."

이슬은 준비한 자료를 보면서 말을 이었다.

"2020년 8월을 기준으로 뒷광고 문제로 사과한 유튜버만 무려 70명이 넘었어요. 뒷광고 문제는 리뷰 콘텐츠 정보들이 오히려 믿을 만하지 않다는 걸 보여 줘요. 그래서 규제까지 나오게 된 거 아닐까요?"

민혁은 아뿔싸 하는 생각이 들었다. 뒷광고 문제는 민혁도 잘 알고 있다. 토론을 준비하는 과정에서 민혁 자신도 뒷광고에 대한 문제를 지적했고, 자신이 믿었던 유튜버가 뒷광고를 한 것으로 밝혀져 구독을 끊고 '실망했다.'는 댓글까지 쓴 기억이 났다. 민혁 스스로도 문제가 심각하다고 느낀 터라 생각과 반대되는 주장을 하기가 주저됐다.

"뒷광고 문제가 심각했던 건 사실이에요. 하지만 저는 이것이 일종의 성장통이라고 생각해요."

토론자들과 사회자의 시선에 예린에게 쏠렸다.

"성장통은 우리 몸이 갑자기 성장하는 과정에서 생기는 통증이에요. 소셜 미디어도 비슷한 거 같아요. 새로운 미디어가 성장하는 과정에서 뒷광고 같은 문제들이 불거지고 있는 거라고 봐요. 저는 유튜브 크리에이터로 활동하고 있는 입장에서 오히려 뒷광고 논란이 잘된 면이 있다고 생각해요."

"왜 그렇게 생각하나요?"

반대 팀 이슬이 안경을 올리며 물었다.

"물론 뒷광고는 문제가 맞아요. 아까 규제가 생길 정도라고 반대 팀에서 얘기했는데, 실제로 정부에서 '추천 보증 심사 지침'이라는 걸 고쳐서 지금은 유튜브나 인스타그램에서 광고를 할 때는 꼭 '광고', '협찬'이라고 표기해야 해요. 공동 작업이라는 뜻의 '컬래버레이션'이라고 두루뭉술하게 표현하는 것도 안 돼요. 저는 이 과정이 성장통이라고 생각해요. 논란을 계기로 명확한 기준이 마련되었고, 유튜버와 인스타그래머들이 더욱 정직하게 콘텐츠를 만들 수 있도록 변화시켰으니까요. 저는 이 성장통을 계기로 더는 소셜 미디어에서 뒷광고가 벌어지지 않을 거라고 예상해요."

예린의 말이 끝나자 사회자가 시계를 보며 마이크를 켰다.

"자, 시간이 다 되었군요. 이번 토론은 여기까지 하겠습니다."

민혁은 자신이 사고를 치고 예린이 수습해 준 것 같다는 생각에 고개를 떨궜다.

'추천 보증 심사 지침'이란 무엇일까?

정확한 이름은 '추천·보증 등에 관한 표시·광고 심사 지침'이다. 광고를 원하는 광고주와 상품을 추천하여 광고를 해 주는 사람 사이에 돈을 주고받는 등 경제적인 대가가 있는 경우에는 그 사실을 공개하도록 한 규정이다. 한마디로 뒷광고를 금지하는 규정이다. 원래는 블로그에 주로 적용했는데, 2020년 규정을 개정해 유튜브와 페이스북 등에도 적용하면서 소셜 미디어를 대상으로 규제를 강화했다.

유튜브의 경우 광고나 협찬을 받았을 때 제목에 광고 사실을 표시하고, 영상에서 사이사이 광고 사실을 알려야 한다. 또 실시간 방송에서는 5분마다 광고임을 알리고, '체험단', 'Thanks to'와 같은 모호한 문구를 써서는 안 된다는 등의 원칙을 만들었다.

자유로운 창작 활동과 저작권 보호, 무엇이 더 중요할까?

"자, 오늘의 마지막 토론 주제입니다."

이번에는 '저작권'이라는 제시어가 화면에 떴다.

"우리는 소셜 미디어 이용자이면서 동시에 크리에이터, 그러니까 창작자이기도 합니다. 우리 스스로 콘텐츠를 만들기도 하지요. 소셜 미디어에 누구나 자유롭게 다양한 창작물을 만들어 올리면서 미디어가 발전하는 면도 있겠지만, 이 과정에서 저작권이 침해된다는 우려도 많습니다. 오늘 마지막 토론은 저작권 보호에 대한 토론을 해 보겠습니다. 어느 팀이 먼저 발언하겠습니까?"

이번에도 역시 준형이 먼저 손을 들었다.

"좋습니다. 이런 적극적인 태도도 점수에 반영됩니다."

'저작권'이란 무엇일까?

저작권은 창작물을 만든 사람의 노력과 가치를 인정하고 만든 사람, 다시 말해서 저작자를 보호하기 위한 권리이다. 글, 사진, 음악, 게임 등 대부분의 콘텐츠에 적용된다.
다른 사람의 저작물을 저작자의 허락 없이 사용할 경우 저작권법에 따라 처벌받을 수 있다.

준형은 종이 한 장을 손에 쥐고 있었다. 저작권 위반 문제에 대한 조사를 미리 끝내 놓은 것 같았다.

"저희 반대 팀은 저작권 보호가 우선돼야 한다고 생각합니다. 소셜 미디어를 통해 저작권이 위반되는 경우가 아주 많습니다. 페이스북에 들어가 보면 방송사에서 만든 프로그램이나 유튜버가 만든 콘텐츠가 로고가 가려진 채로 올라온 걸 많이 볼 수 있어요. 모두 저작권을 위반한 영상입니다. 저작권이 있는 원래의 영상과 똑같으면 인공 지능이 걸러 내기 때문에 로고를 가리는 식으로 원본 영상을 변형시켜서 올리는 거지요."

준형이 말하는 동안 같은 팀의 이슬은 분주히 인터넷 검색을 했다. 준형의 말이 끝나자 이슬이 발언을 시작했다.

"저작권 위반 영상이 얼마나 되는지 아나요? 2019년 국회에 제출된 자료에 따르면 우리나라 주요 방송사가 2019년 1월부터 8월까지 8개월 동안 신고한 저작권 침해 수만 무려 15만 건에 달합니다. 유튜브, 네이버, 다음, 아프리카TV, 페이스북, 인스타그램, 트위터 등이 신고를 당했죠. 이것은 우리가 사용하는 소셜 미디어 공간에서 저작권 침해가 아주 자주 일어나고 있는 것을 보여 줍니다."

이슬은 다시 뭔가를 검색하더니 주장을 이어 나갔다.

"영화도 사정은 비슷합니다. 돈을 주고 사서 봐야 하는 영상이 소셜 미디어에 버젓이 올라와 있는 경우도 많아요. 우리나라에 개봉도 하기 전에 소셜 미디어에 올라온 적도 있지요."

이슬은 화면 공유를 눌러 영화의 주연을 맡은 배우가 등장하는 인터뷰 영상을 재생했다.

"여러분, 다운로드 받지 마세요. 극장에서 와서 봐 주셔야 영화 만드는 사람들이 더 용기를 내서 더 좋은 영화 만들 수 있답니다."

줄곧 침착하던 예린에게 당황한 기색이 나타났다. 저작권이 중요하다는 건 크리에이터로 활동하는 예린이 누구보다 잘 알고 있기 때문이다.

망설이는 예린 대신 민혁이 마이크를 켰다.

"저희 팀은 엄격한 저작권 적용보다는 자유로운 창작이 우선돼야 한다고 생각해요. 저희도 저작권은 당연히 지켜야 한다고 생각해요. 하지만 저작권으로 다 막는다고 좋은 건 아니라고 봐요."

민혁이 조심스럽게 말을 시작했다.

"얼마 전 한 유튜버가 방송사 드라마의 내용이 너무 억지라고 비판했어요. 비판을 하려다 보니 드라마 내용을 일부 담았는데, 어느 날 이 영상이 사라졌더라고요. 유튜버가 채널 공지 사항에 올린 글을 보니까 방송사에서 저작권 위반으로 신고했다고 해요."

민혁이 잠시 숨을 골랐다.

"그런데 황당한 건 유튜브에는 여전히 일반인이 올린 방송 프로그램이

아주 많아요. 저도 유튜브로 옛날 방송 프로그램을 다시 보고 있는 걸요? 또 옛날 드라마나 영화에 나온 캐릭터로 만든 웃긴 영상도 많아요. 처음 노래가 발표되었을 때는 인기가 없다가 몇 년 지나서야 이 노래의 방송 영상이 유튜브를 휩쓸다시피 한 적도 있고요. 저도 하루에 한 번 이 영상을 챙겨 봤는데……."

사회자가 개입했다.

"오늘 토론에 주어진 시간이 많이 남지 않았습니다. 사례는 충분히 말한 거 같으니 본격적으로 주장과 근거를 제시해 주면 좋겠습니다."

사회자의 말에 민혁은 머리를 긁적이며 말을 이었다.

"네. 이런 영상을 올릴 때는 방송사에서 저작권 침해 신고를 안 하더라고요. 오히려 이런 콘텐츠가 만들어진 걸 방송에서 계속 홍보하고, 연예인들도 영상을 만들어 준 네티즌들이 정말 고맙다고 하더라고요. 처음부터 방송사나 해당 연예인의 허락 없이 만든 것이니 저작권 위반에 해당되지만, 이런 콘텐츠가 만들어지면서 우리가 재미있게 볼 수 있는 영상이 더 많아졌어요. 방송사도 그 덕에 옛날 콘텐츠가 재조명 받고, 연예인들도 더 큰 인기를 끌게 된다는 장점이 있지요."

민혁은 저작권이 허점을 갖고 있다고 생각했다. 저작권은 반드시 지켜야 하지만, 때로는 자유롭게 기존 콘텐츠를 활용하면 콘텐츠가 더 다양해질 수 있고, 오히려 이런 면이 저작권을 가진 방송사나 연예인에게 이익으로 돌아오기도 한다는 것이 민혁의 주장이었다.

민혁이 말을 하는 동안 예린은 스마트폰으로 유튜브에 들어가 이것저 것 눌러 봤다.

"저희가 조금 더 얘기해도 될까요?"

예린이 물었다. 사회자는 고개를 끄덕였다.

"저는 지금 유튜브 채널을 운영하고 있는데, 잠깐 유튜브 크리에이터 스튜디오에 접속해 볼게요."

'크리에이터 스튜디오'는 유튜버들의 콘텐츠 관리 화면이다. 민혁은 매일 유튜브를 사용하지만 크리에이터 스튜디오에 접속하는 것은 이번이 처음이었다.

"크리에이터 스튜디오에 들어가면 이렇게 음악을 하나하나 고를 수 있어요."

웅장한 음악, 조용한 음악, 시끄러운 음악, 종소리, 총소리 등 다양한 음악과 효과음이 있었다. 몇몇은 민혁이 즐겨 보는 유튜브 채널에서 자주 쓰이던 음악이어서 민혁에게도 익숙했다.

"유튜브가 저작권에서 자유로운 음악과 효과음을 모아서 제공해 주고 있어요. 또 유튜브에 사람들이 올린 영상과 음악을 검색해서 쓸 수도 있는데, 검색창에 '무료 브금배경 음악을 뜻하는 '비지엠(BGM)'을 소리 나는 대로 조합한 말'이라고 치면 많이 나와요. 이런 콘텐츠 사용권을 CCL이라고 해요. CCL 콘텐츠는 일정한 약속만 지키면 자유롭게 활용할 수 있어요."

예린이 검색 화면에서 눈을 떼고 주장을 이어 나갔다.

"CCL 콘텐츠를 만드는 사람들은 콘텐츠를 저작권으로 묶어 두기만 하면 콘텐츠 환경이 발전할 수 없고, 공유하고 나눌 때 가치가 더 커진다고 생각해요. 저는 음악을 작곡할 수 없고 효과음을 만들 수도 없지만, 이런 분들 덕분에 유튜브 영상을 쉽게 만들고 있어요. 다른 유튜버들도 비슷할 거예요. 이미지, 자막, 음악과 효과 등을 자유롭게 사용할 수 있도록 누군가 제공하지 않았다면 저 같은 평범한 사람들은 유튜버가 될 수 없었을 거예요."

예린이 말을 마치자 이슬은 차분하게 손을 들고 발언을 시작했다

"찬성 팀은 엄격한 저작권 적용보다는 자유로운 창작이 우선되어야 한다고 주장했는데요, 물론 저작권이 엄격하지 않다면 보다 많은 창작이 가능할 거라는 데에는 동의합니다."

민혁과 예린은 뜻밖의 발언에 놀라 서로를 쳐다봤다. 이슬은 말을 이었다.

저작권에서 자유로운 콘텐츠 'CCL'

저작권은 당연히 법으로 보호해야 하지만, 콘텐츠와 관련된 모든 소스를 남들이 사용 못하게 묶어 두기만 하면 창작 환경이 저해된다고 생각하는 사람들이 있어요. 이런 생각을 하는 사람들이 모여서 '크리에이티브 커먼즈 라이선스Creative Commons License'는 줄여서 CCL이라고도 부른다. CCL은 창작자가 자신의 창작물에 대해 일정한 조건을 지키면 얼마든지 활용해도 좋다는 내용을 표시한 마크이다.

CCL은 네 가지 종류가 있다. 우선 '저작자 표시BY'는 저작자가 누구인지 표시하면 저작물을 마음껏 활용할 수 있다는 의미이다. '비영리NC' 표시가 있으면 돈을 버는 목적이 아닌 경우에만 활용할 수 있다는 의미이다. '동일 조건 변경 허락SA'은 원래 콘텐츠와 똑같은 CCL 조건을 붙이는 대가로 내용을 수정해서도 활용할 수 있는 경우이고, '변경 금지ND'는 저작물을 자유롭게 활용할 수 있지만 내용을 수정할 수 없는 것을 뜻한다.

"하지만 우선 찬성 팀의 발언에 대해 지적하고 싶은 것이 있습니다. 저작권은 현재 법으로 보호받는 권리입니다. 저작권자의 허락 없이 영상을 만든 건 법을 어긴 것이니 제재를 받는 것은 너무나 당연한데 이것이 부당하다는 듯이 말하는 건 문제가 있다고 생각합니다. 법을 어겼어도 재미있으면 그만인가요?"

민혁은 순간 자신의 얼굴이 빨개지는 것을 느꼈다.

"그리고 CCL 콘텐츠에 대해 말씀하셨는데요, 그렇다면 저작권자가 이용을 허락한 CCL 콘텐츠로 영상을 제작하면 되잖아요? 타인의 권리인 저작권을 침해하지 않고는 콘텐츠를 만들 수 없다면, 콘텐츠 기획 자체가 잘못된 것이라고 생각합니다."

자신들이 한 말을 그대로 이용해 반론을 펼치는 이슬 앞에서 민혁과 예린은 아무 말도 할 수 없었다.

"특히 유튜버들은 그렇게 올린 영상의 조회 수를 통해 수익을 얻습니다. 그 수익을 저작권자에게 나눠 주는 것도 아니고요. 자신들의 이익을 늘리기 위해 타인의 권리를 제한해야 한다는 주장이 정당한가요?"

이슬은 저작권 침해로 인한 문제로 발언을 이어갔다.

"우리 초등학생들이 웹툰을 많이 보잖아요. 웹툰 콘텐츠 통계 사이트의 발표를 보니 불법 웹툰 복제로 해마다 수천억 원의 피해가 발생한다고 합니다. 2020년 국회에서 발표된 내용을 보면 최근 5년간 웹툰 같은 콘텐츠 저작권 불법 침해 사이트 수가 21,043개에 달하기도 했어요."

이슬은 또박또박한 발음으로 주장을 이어 갔다.

"저작권 문제는 거대 방송사들만의 이야기가 아니에요. 작가들이 노력해서 만든 웹툰을 무단으로 복제해 버리면 작가에게 돌아가야 할 수익이 사라지고 그러면 콘텐츠를 만들 의욕도 사라지겠죠. 사람들이 저작권을 제대로 지키지 않으면 작가들이 더 좋은 웹툰을 만들기 힘들어질 수 있어요. 그 피해는 누가 볼까요? 작가들도 피해를 보지만, 이로 인해 작가들이 업계를 떠나면 우리도 새로운 콘텐츠를 볼 수 없게 되니까 우리가 입는 피해도 적지 않다고 생각해요."

사회자가 흡족한 표정을 지으며 정리 발언을 했다.

네, 좋습니다. 저작물을 아무도 사용할 수 없도록 너무 묶어 두기만 하면 새로운 창작을 저해한다는 의견과 저작권 침해로 창작자들이 피해를 보면 오히려 더 나은 창작물이 나오지 않을 거라는 우려가 팽팽히 맞선 토론이었습니다."

사회자는 두 팀을 번갈아 보고 말을 이었다.

"저작권을 주제로 나올 수 있는 이야기는 충분히 나온 것 같습니다. 마칠 시간이 되었으니 오늘 토론은 여기서 마무리하도록 하겠습니다."

토론이 끝나자 한 명씩 접속을 종료했다. 민혁과 예린의 눈에 복도 쪽 창밖에서 환하게 웃고 있는 선생님의 모습이 보였다. 민혁은 잘 안 풀릴 때도 있었지만 걱정했던 것보다는 원활하게 토론을 했다는 생각에 자신감이 생겼다.

민혁은 토론을 하면서 자신이 그동안 미처 보지 못한 소셜 미디어의 부정적인 면에 놀라기도 하였고 부모님의 걱정이 조금은 이해가 되기도 하였다.

'아빠 말처럼 소셜 미디어를 아예 사용하지 않는 것이 맞는 것일까? 소셜 미디어의 부정적인 면은 없애고 좋은 방향으로만 소셜 미디어를 사용할 수 있는 방법은 없는 것일까?'

토론을 마친 뒤 민혁의 고민은 더욱 깊어졌다.

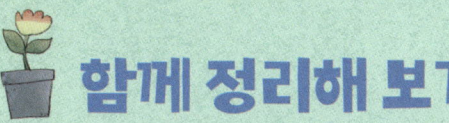

함께 정리해 보기
소셜 미디어와 우리 생활에 대한 쟁점

소셜 미디어 사용 찬성 팀	논쟁이 되는 문제	소셜 미디어 사용 반대 팀
신조어는 소셜 미디어를 통해서만 생산되는 게 아니며, 새로운 표현이 많아지면서 우리 언어생활은 더욱 풍요로워졌다.	신조어 사용	소셜 미디어를 통해 질 낮은 신조어가 많이 만들어지고 있다. 또한 신조어 사용은 세대 간 소통을 가로막는다.
소셜 미디어는 유익하고 유용한 정보를 많이 제공한다.	정보의 유용성	소셜 미디어에는 위험한 콘텐츠, 거짓 정보, 우리를 속이는 내용의 콘텐츠가 많다.
저작권을 엄격하게 적용하면 콘텐츠 창작 환경을 해칠 수 있다. 콘텐츠 제작에 기존 콘텐츠의 활용을 허락하면 기존 콘텐츠의 홍보 효과도 기대할 수 있다.	저작권 침해	소셜 미디어를 통해 누구나 자유롭게 콘텐츠를 만들어 올릴 수 있게 되면서 저작권 위반 사례가 크게 늘었고, 저작권자가 피해를 입고 있다.

소셜 미디어는 마음 건강에 약일까, 독일까?

3장

소셜 미디어를 긍정적으로 보는 사람들은 재미있고 흥미로운 콘텐츠가 많은 소셜 미디어 덕분에 즐거운 시간을 보내고 있다고 말해. 또 사람들과 소통하면서 행복을 느낀다고 하지.

하지만 소셜 미디어를 부정적으로 보는 사람들은 소셜 미디어에 올라온 멋지게 사는 사람들의 모습을 자신과 비교하게 되면서 우울감을 느낀다고 말해. 소셜 미디어를 통한 사이버 폭력 문제도 심각하다고 하지. 사용을 절제하지 못하고 하루 종일 소셜 미디어에 빠져 지내는 중독 문제도 일어나고 있고 말이야.

이번 장에서는 소셜 미디어가 우리 마음 건강에 어떤 영향을 미치고 있는지 두 측면을 살펴보도록 하자.

소셜 미디어 사용 찬성 팀

우리는 소셜 미디어 덕분에 더 행복하게 살고 있어. TV에는 어린이를 위한 콘텐츠가 별로 없지만, 소셜 미디어에는 아주 많아. 게다가 이렇게 재미있는 콘텐츠를 언제 어디서나 즐길 수 있지. 또 우리는 소셜 미디어 덕분에 친구들과 더 다양한 방법으로 소통할 수 있게 되었어.

소셜 미디어를 오래 접하면 중독에 빠질 수 있다는 우려가 있는 건 사실이지만, 무조건 오래 쓴다고 해서 중독되는 건 아니야. 소셜 미디어 중독은 가정 환경 같은 다른 요인이 원인일 수도 있고 말이야.

소셜 미디어 사용 반대 팀

소셜 미디어 때문에 우리는 더욱 불행해졌어. 소셜 미디어 공간에서 사람들은 자신을 자랑하기 바쁘고, 우리는 이러한 게시물을 보면서 끊임없이 다른 사람과 나를 비교하게 돼. 그러다 보면 내가 못난 거 같다는 생각이 들고, 박탈감이나 우울감을 느끼지. 소셜 미디어 공간에서 벌어지고 있는 따돌림과 괴롭힘도 사회적으로 큰 문제야.
또 소셜 미디어를 오래 쓰다 보면 중독에 빠질 수 있어. 소셜 미디어 중독을 막으려면 사용 시간을 엄격하게 제한할 필요가 있어.

🔔 부모님은 왜 소셜 미디어 사용을 걱정하는 걸까?

"어서 와, 애들아!"

민혁이 예린과 함께 도서관 토의실에 들어서자 이가연 선생님이 환하게 웃으며 반겼다.

첫 토론은 무사히 마쳤지만 산 넘어 산이었다. 아직 토론이 네 번이나 더 남아 있었기 때문이다.

"오늘 아침에 연락을 받았는데 다음 주에 열릴 두 번째 토론의 주제는 바로 '소셜 미디어와 마음 건강'이라는구나."

선생님이 주제를 설명하자 민혁과 예린의 눈이 휘둥그레졌다.

"우리는 소셜 미디어가 마음 건강에 이롭다고 주장해야 하는 거죠?"

민혁이 새삼스럽게 물었다. 무슨 뜻인지 이해했지만 믿고 싶지 않아서 되물은 것이었다. 선생님은 고개를 끄덕였다.

민혁은 고민에 빠졌다. 소셜 미디어로 인한 중독이나 허탈감 등 마음 건강 문제가 심각하다는 것을 익히 알고 있었고, 상대 팀 또한 토론에서 이 문제들을 내세울 텐데 여기에 맞서서 긍정적인 면을 강조하기가 쉽지 않을 거 같았다.

예린이 한숨을 쉬며 말했다.

"하……. 이번 토론은 정말 어려울 거 같네요."

분위기가 처지자 선생님이 민혁과 예린의 어깨를 가볍게 토닥이며 밝은 목소리로 말했다.

"에이, 토론을 시작하기도 전에 그렇게 생각하면 곤란하지! 길고 짧은 건 대봐야 아니까 신문 기사, 책을 중심으로 자료를 살펴보면서 잘 준비해 보자. 그리고 민혁이한테는 선생님이 숙제를 하나 낼게."

숙제라는 말에 민혁이 당황한 듯한 표정을 지으며 물었다.

"네? 뭘 해야 하는데요?"

선생님은 넌지시 웃으며 말했다.

"소셜 미디어를 쓰는 걸 안 좋게 생각하는 사람의 이야기를 들어 보는 거야."

"음……, 누구 이야기를 들으면 될까요?"

선생님은 망설임 없이 대답했다.

"바로 민혁이 부모님이지! 민혁이 부모님을 인터뷰하는 거야."

"네? 인터뷰요? 그건 연예인이나 크리에이터들이 하는 거 아닌가요?"

민혁은 놀란 목소리로 물었다.

"인터뷰는 기자가 누군가를 만나서 그 사람의 말을 듣고 내용을 정리하는 걸 말해. 궁금한 걸 물어보면서 그 사람의 생각이 잘 드러나도록 하는 기사 작성법이야. 이해가 안 가는 게 있거나 동의하지 못하는 부분이 있으면 공격적인 질문을 던져도 돼. 민혁이가 일일 어린이 기자가 돼서 부모님이 왜 염려하는지 물어보렴!"

민혁은 부모님을 인터뷰하는 일이 쑥스럽다는 생각이 들었지만, 차마 못 하겠다는 말이 입 밖으로 떨어지지 않았다.

"네, 알겠어요……."

선생님은 예상했던 반응이라는 표정을 보이면서 다시 말을 꺼냈다.

"민혁이가 소셜 미디어 사용 문제로 아빠랑 싸우고 나와서 풀이 죽어 있었잖아. 부모님이 왜 소셜 미디어를 안 좋게 생각하는지 찬찬히 얘기를 나누다 보면 어떤 점은 동의할 수 있고, 어떤 점이 동의가 안 되는지 알 수 있을 거야. 어쩌면 소셜 미디어 사용을 부정적으로 생각하는 상대 팀의 논리가 부모님의 생각과 크게 다르지 않을 수 있어. 또 예상치 못한 수확을 얻게 될지도 모르겠지? 일단 한번 얘기를 나눠 보면 좋겠어."

선생님은 부모님을 인터뷰하면서 토론 연습도 하고, 부모님과 소통도 해 보라는 생각에서 숙제를 낸 것이었다.

그날 저녁, 민혁은 밥을 먹고 나서 엄마와 아빠를 불렀다. 민혁은 식탁 위에 엄마의 노트북을 가져와 펼쳤다. 비대면 수업을 자주 하면서 민혁은 엄마의 노트북을 능숙하게 다룰 수 있게 됐다.

"우리 아들이 웬일?"

아빠가 즐거운 표정을 지으며 두 살배기 막내 예준을 안고 민혁의 맞은

편에 앉았다.

"아들, 경찰 놀이 하는 거야?"

엄마가 장난스러운 말투로 물으며 아빠 옆자리에 앉았다.

"아니야, 인터뷰하는 거야. 이제부터 내가 기자가 돼서 엄마 아빠를 인터뷰할 거야."

아빠는 놀란 듯한 표정을 지었지만 아들과 마주 앉아 대화하게 되어 기분이 좋았다.

"기자님, 뭘 물어보실 건가요?"

"소셜 미디어에 대한 엄마 아빠의 생각을 묻겠습니다."

민혁이 왜 이런 인터뷰를 준비하게 되었는지 이유를 설명했다.

"음, 어린이들한테 소셜 미디어 공간은 너무 위험해. 무섭고 자극적인 콘텐츠가 많아서 너한테 해로울까 봐 걱정이야. 또 자극적인 재미에 너무 빠져들어서 소셜 미디어에 중독될까 걱정도 되고."

역시 예상된 반응이었다. 민혁은 전부터 궁금한 게 있었는데 이 기회에 물어봐야겠다고 생각했다.

"그런데 아빠가 어렸을 때는 소셜 미디어가 없었어?"

아빠는 고개를 갸웃거리며 곰곰이 생각했다.

"음, 글쎄다. 인터넷이 있기는 했는데, 지금 소셜 미디어에 떠도는 이상한 콘텐츠 같은 게 많지는 않았……."

아빠의 말이 끝나기도 전에 엄마가 아빠의 어깨를 가볍게 쳤다.

"에이! 그건 아니지. 그때도 온라인상에는 문제 될 만한 게 많았어. 그

때는 인터넷에 대한 법적 규제가 지금처럼 잘 마련되지 않아서 더 무법천지 같았지. 우리 어릴 때는 '엽기'라는 주제가 갑자기 유행하면서 온라인상에 잔인하고 역겨운 영상이나 사진이 많이 올라오고 그랬어."

아빠가 얼굴을 찌푸리며 엄마의 말을 가로챘다.

"에이, 그때랑 지금은 다르지! 그때는 스마트폰이 없어서 언제 어디서나 인터넷을 할 수 있는 환경도 아니었고, 지금처럼 사람들이 콘텐츠를 아무렇게나 만들어서 올리지도 않았잖아. 지금이 더 심각하다고 할 수 있지. 그래서 아빠는 민혁이가 스마트폰 하는 것도 걱정이 되는 거야."

"중독은? 그때는 중독 문제는 없었어?"

이번에는 엄마가 먼저 말을 꺼냈다.

"말도 마. 네 아빠랑 연애할 때는 스마트폰은 없었지만, 아빠가 맨날 친구들이랑 PC방 가서 게임 하느라 연락도 제대로 안 됐어. 딱 두 시간만 한다고 해 놓고선 그걸 못 지키더라니까."

예상치 못한 지적에 당황한 아빠는 얼굴이 빨갛게 달아올랐다.

"정말 이러기야? 게임은 시간을 정해 놓고 한다고 해서 그 시간 안에 딱 끝낼 수 있는 게 아니야. 그 판이 안 끝났는데 시간이 됐다고 끌 수 없단 말이야. 그리고 그때 나는 일상에 지장을 받을 만큼 빠져 있던 것도 아니었어."

민혁은 내심 놀랐다. 소셜 미디어가 없던 시절의 상황이 소셜 미디어가 유행하는 지금 상황과 크게 다르지 않은 것 같았다.

"아빠, 나도 그래. 유튜브나 틱톡을 볼 때 딱 정해 놓은 시간만큼만 하기가 힘들 때가 있어. 하지만 나도 일상에 지장을 받을 정도로 소셜 미디어를 하는 건 아니야."

아빠가 무언가 깨달은 듯한 표정을 지었다.

"그렇긴 하지. 민혁이 네가 소셜 미디어에 중독되지 않았다는 것은 알아. 그래도 부모로서 어린 자식이 걱정이 되는 건 어쩔 수 없어."

아빠는 잠시 뜸을 들이다 말했다.

"그리고 예전에는 스마트폰이 없었잖아. 집에 있는 컴퓨터로 뭔가를 하면 대충 뭘 하는지 알 수 있는데, 스마트폰은 개인적으로 쓰는 거다 보니 도통 뭘 보는지 알 수가 없어서 엄마 아빠가 더 답답해하는 거야. 네 동

생이 너만 한 나이가 되고 네가 어른이 되면 너도 동생에게 소셜 미디어 사용법을 어떻게 지도해야 할지 고민될 거야."

민혁은 계속해서 궁금한 점들을 물으며 부모님의 생각을 들었다. 소셜 미디어를 하다 보면 마음 건강이 안 좋아지고 중독에 빠진다는 말은 분명 틀린 말은 아닌 거 같았다. 하지만 아빠도 저렇게 뭔가에 푹 빠져 지냈는데 번듯한 가장이 되었고, 자신 역시 소셜 미디어에 빠져 있지만 일상에 큰 지장을 받지 않고 지내고 있다는 점을 보면 소셜 미디어 사용이 크게 문제라는 생각은 들지 않았다.

🔔 소셜 미디어는 우리를 행복하게 할까, 불행하게 할까?

'오늘은 좀 더 적극적으로 얘기해 보자.'

두 번째 토론 날이 됐다. 멀티미디어실에 일찍 도착한 민혁이 혼자서 마치 주문을 외는 것처럼 다짐했다.

"안녕!"

"어, 안녕!"

복도에서 큰 소리로 인사를 주고받는 익숙한 목소리가 들렸다. 예린이었다. 활발함의 아이콘이라 불러도 손색이 없을 정도로 언제나 적극적이고 밝은 모습이었다.

"민혁이 와 있었네! 안녕?"

예린이 문을 열고 들어왔다.

"안녕, 예린아."

민혁은 평소엔 예린이와 대화 나눌 기회가 많지 않았는데 토론 대회를 계기로 틈틈이 얘기를 나누면서 부쩍 친해진 느낌이 들었다.

예린과 민혁은 자리에 앉아 조사해 온 자료를 서로 보여 주며 토론을 준비했다. 시간이 얼마 지나지 않은 것 같았는데 금세 20분이 넘게 지나 있었다. 대회에서 사용하는 비대면 프로그램에 부랴부랴 입장하자 대기하고 있던 사회자가 보였다. 오늘도 역시 단정하게 머리를 뒤로 넘긴 헤어스타일에 멋진 정장을 입고 있었다.

"자, 두 번째 토론 시작합니다. 오늘은 소셜 미디어를 이용하는 우리 스스로를 돌아볼 수 있는 주제를 선정했습니다. 소셜 미디어가 여러 측면에서 마음 건강에 해롭다는 우려가 많은 상황입니다. 정말 해로운 면이 큰지, 아니면 오히려 마음 건강에 도움이 되는지 토론해 보겠습니다. 오늘의 첫 번째 제시어 공개합니다!"

화면에 '행복'이라는 두 글자가 떴다.

"우리는 소셜 미디어를 쓰면서 더 행복해졌을까요, 불행해졌을까요? 이번에는 이 주제로 토론을 해 주면 됩니다. 어떤 팀이 먼저 발언을 시작하겠습니까?"

민혁이 손을 들었다. 이번에도 자신의 경험을 예로 들어 이야기를 시작했다.

"유튜브 이용자의 한 사람으로서 제 얘기를 해 볼까 해요. 제가 좋아하는 게임 유튜버가 있어요. 이 유튜버는 어떤 콘텐츠를 만들면 좋을지 우리에게 꼭 먼저 물어보고, 라이브 방송을 할 때도 댓글 하나하나를 집중해서 보면서 소통해요. 얼마 전에 유튜버가 구독자 100만이 넘어서 질문을 듣고 답하는 Q&A 콘텐츠를 제작했어요. 운 좋게도 제가 남긴 댓글을 읽어 주었는데, 실제로 대화를 나누는 것처럼 유튜버가 무척 친근하게 느껴졌고 그때 저는 무척 즐겁고 행복했어요."

민혁이 말을 잠시 멈춘 틈을 타 준형이 물었다.

"너무 개인적인 주장 아닙니까? 주장을 뒷받침할 만한 객관적인 자료가 있습니까?"

준형의 기습 질문에 민혁은 입술을 앙다물었다 뗐다.

"사실 어른들이 한 조사들 중에는 유튜버와 소통하면서 얼마나 행복해졌는지 물어본 경우는 없더라고요. 아마 어른들이 이런 면에는 별로 관심이 없는 거 같아요."

민혁이 말을 마치자마자 예린이 손을 들고 마이크를 켰다.

"미디어에는 여러 기능이 있어요. 그중 하나가 오락 기능인데, 미디어는 사람들에게 휴식과 오락을 제공하여 생활에 활력을 줘요. 그런 점에서 소셜 미디어가 주는 행복감 역시 무시할 수는 없다고 생각해요."

다시 준형이 의아한 표정을 지으며 말을 꺼냈다.

"그러면 굳이 소셜 미디어를 이용할 필요가 있을까요? TV만 봐도 충분한 거 아닙니까? TV에서도 충분히 오락 기능을 제공하고 있는데, 소셜 미디어가 유독 더 많은 행복을 준다고 볼 수 있을까요?"

준형의 말이 끝나기가 무섭게 예린이가 잽싸게 반박했다.

"그러면 하나만 묻겠습니다. 반대 팀 분들은 TV를 더 즐겨 보나요, 유튜브나 틱톡을 더 즐겨 보나요?"

준형과 이슬은 살짝 당황한 기색을 보였다. 초등학생들이 TV보다 유튜브나 틱톡을 더 많이 보고 있다는 건 누구보다 잘 알고 있는 사실이기 때문이다. 반대 팀에서 바로 대답이 나오지 않자 기회라고 생각한 예린이 빠르게 다시 말을 시작했다.

"당연히 유튜브겠죠. 2020년 방송 통신 위원회에서 '방송 매체 이용 조사'를 실시했는데, 잠깐 화면 공유를 할게요."

예린이 화면 공유 버튼을 누르자 그래프가 떴다. 스마트폰을 보유한 전국 만 19~59세 성인 남녀 1천 명을 대상으로 한 조사였다. 유튜브로 인해 가장 이용이 줄어든 미디어 활동을 묻는 질문에 절반가량이 TV 방송 시청이라고 응답했다.

"저희 팀은 소셜 미디어 콘텐츠가 행복감을 준다는 통계는 찾지 못했어요. 하지만 우리가 소셜 미디어를 더 즐겨 본다는 건 그만큼 우리를 더 즐겁고 행복하게 해 준다는 의미라고 볼 수 있지 않을까요? 적어도 반대 팀에서 말한 TV보다는 말이지요."

민혁은 같은 팀이지만 예린의 말을 들으며 속으로 감탄했다. 예린이의

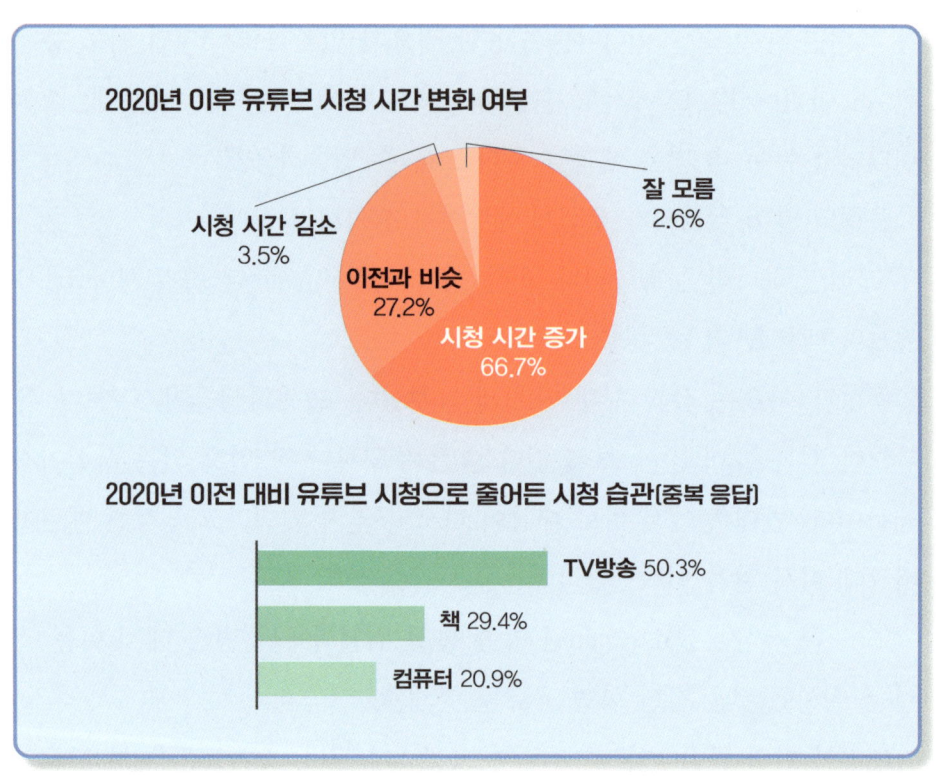

 발언이 끝났는데 상대 팀의 반론이 나오지 않자 민혁이 발언을 시작했다.
 "왜 우리 어린이들은 TV보다 소셜 미디어를 더 좋아하는 걸까요? TV는 별로 재미가 없어요. 드라마나 예능 프로그램은 우리보다는 주로 어른들을 위한 내용이에요. 하지만 유튜브나 틱톡에는 우리가 볼 만한 게 많아요."
 민혁은 또 뭔가 생각났다는 듯 얼른 말을 덧붙였다.
 "아까 유튜버와 소통하는 이야기를 했는데, TV 방송에서 우리는 그냥 볼 수만 있고 방송사나 연예인과 소통하며 방송에 참여하는 일도 쉽지 않아요. 또 방송사에서 정한 시간에 맞춰 내보내 주는 방송밖에 못 보고요. 그 방송도 학원 갈 시간이랑 겹치면 볼 수 없어요. 하지만 유튜브나 틱톡은 이동하면서도 볼 수 있고, 나중에 검색해서 언제든지 콘텐츠를 즐길 수 있어요. 그러니까 당연히 우리는 TV 방송보다 소셜 미디어 콘텐츠를 더 좋아할 수밖에 없는 거지요."

민혁이 말을 마치자 사회자가 말했다.

"자, 이 이슈로 더 이야기를 주고받으면 주제에서 벗어날 수 있을 거 같으니 여기서 마무리하도록 하겠습니다. 이번에는 반대 팀에 발언권을 주겠습니다."

차분하고 분석을 잘하는 이슬이 먼저 발언을 시작했다.

"찬성 팀의 주장도 일리가 있다고 생각해요. 그런데 저희는 유튜브나 틱톡처럼 영상을 주로 보여 주는 소셜 미디어보다 게시글이나 사진을 주로 올리고 소통하는 성격의 SNS를 중심으로 한번 살펴볼게요."

이슬이 화면 공유 버튼을 눌러 조사 자료를 띄웠다.

"2017년 영국에서 14~24세 사람들을 대상으로 한 조사에 따르면 인스타그램, 페이스북, 트위터 같은 SNS가 이용자들의 불안감을 더 키웠습니다."

"왜죠?"

민혁이 물었다.

"소통에 참여하지 못하면 불안감을 느끼게 되는 것도 있고, 소셜 미디어를 보면 다들 행복하게 살고 있는 거 같은데 자신은 그렇지 않다 보니 더 우울해지는 거죠."

급작스러운 질문이었지만 이슬은 흔들리지 않고 차분한 목소리로 말을 이어 갔다.

"조사를 좀 더 자세히 보면 인스타그램 이용자 10명 중 7명이 소셜 미디어에 올라온 다른 사람의 사진을 보고 자신의 몸을 부정적으로 인식하게 된다고 답했어요. 몸매를 자랑하는 게시물을 보다 보면 자연히 그 사람과 자신을 비교하게 되고 자신의 몸을 안 좋게 생각하게 되는 거죠."

상대 팀의 주장을 반박해야 하지만, 사실 민혁도 어느 정도 동의하는 내용이었다. 민혁도 비슷한 경험을 한 적이 있었다. 친구가 새로 나온 게임기를 사진 찍어서 SNS에 올렸을 때, 친구의 잘생긴 얼굴과 큰 키가 드러난 사진을 볼 때 허탈감이 들거나 자신감이 없어지곤 했다. '좋아요'를 많이 받으려고 사진에 온갖 효과를 넣은 적도 있는데 솔직한 자기 모습 같지가 않아서 마음이 불편했다.

'소셜 미디어는 정말 이렇게 부정적인 면이 더 많은 걸까?'

그러다 민혁은 문득 소셜 미디어를 하면서 즐거웠던 경험들이 떠올랐다. 민혁이 손을 들어 의견을 말했다.

"저는 친한 친구가 웃긴 영상이나 이미지를 구해다가 매번 SNS에 올리는데 그걸 재밌게 보고 있어요. 이런 걸 보다 보면 시간 가는지 몰라요. 소셜 미디어를 통해 친구가 좋아하는 게임이 내가 좋아하는 게임과 같다는 걸 알고 나서 같이 게임 얘기를 하다가 친해지기도 했어요. 그래서 찾아보니 이런 조사 결과도 있더라고요."

민혁은 책상 위에 올려 놓은 종이들을 뒤적이다 종이 한 장을 꺼내 들었다.

"어……, 영국에서 2016년 실시한 연구 결과를 보면 소셜 미디어에서 시간을 많이 보낼수록 전반적으로 삶의 만족감이 떨어지긴 했지만, 우정 측면은 더 높아졌다고 해요. 소셜 미디어가 반드시 우리를 불행하게만 만드는 건 아니라는 거죠."

"전반적으로 삶의 만족감이 떨어졌다는 건 저희 주장이 맞다는 의미이지 않나요?"

반대 팀의 이슬이 냉철한 목소리로 반박했다. 이번에는 토론을 지켜보던 예린이 입을 열었다.

"맞아요, 안 좋은 면이 더 많지요. 하지만 2019년 말부터 코로나19 바이러스가 유행하던 상황을 생각해 보면 좋겠어요. 코로나19를 겪으면서 학교에도 못 가고 친구들을 자주 만나지 못하게 됐잖아요. 그때 소셜 미디어를 통해서라도 친구들이랑 얘기를 나눌 수 있어서 참 좋았어요."

예린이 토론하는 동안 민혁은 참고할 자료들을 찾다 부모님과 인터뷰한 내용이 떠올랐다.

"참, 예전에는 소셜 미디어가 없었다고 해요. 저희 아빠가 초등학생 때까지만 해도 스마트폰은 당연히 없었고, 집에 인터넷이 설치되지도 않았어요. 그 시절에 코로나19가 퍼졌으면 어땠까요? 전화 정도는 할 수 있겠지만, 여러 친구와 만나서 우정을 쌓는 일이 가능했을까요? 예전에 친구가 코로나19에 걸려서 집에만 있어야 했던 적이 있는데, 소셜 미디어가 있어서 안부도 묻고 소통할 수 있었어요."

민혁도 토론 준비를 하면서 소셜 미디어가 마음 건강에 미치는 안 좋은 점들을 강조한 연구가 많다는 사실을 알고 있었다. 하지만 소셜 미디어 덕분에 어느 때보다 다양한 방식으로 친구들과 소통할 수 있게 됐다는 점은 부정할 수 없다고 생각했다.

"이야, 어려운 상황이었는데, 제법이다! 다시 봤는걸?"

마이크가 꺼진 상황에서 예린이가 나지막하게 말했다. 그러는 사이 이슬이 손을 들고 재반박을 준비했다.

"새로운 환경을 통해 우정이 커지기도 했지만, 동시에 괴롭힘이 심각해지기도 하였습니다. '사이버불링 Cyberbullying'이라는 말이 있죠. 온라인 공간에서 따돌리거나 집요하게 괴롭히는 것을 말하는데, 요즘은 소셜 미디어상에서 많이 일어나고 있어요. 괴롭힘 대상을 대화방에 끊임없이 초대해 나가지 못하게 하는 '카톡 감옥' 문제가 뉴스에서 다뤄지기도 했고, 소셜 미디어에 아는 사람의 얼굴을 합성해 올리는 괴롭힘 문제도 아주 심각합니다."

"일부 사람들만 그런 건 아닐까요?"

민혁이 반박을 하려 했지만 이슬은 차분하게 말을 이었다.

"실제 통계도 있어요. 교육부가 발표한 '2020년 학교 폭력 실태 조사'에 따르면 2020년은 이전에 비해 전반적으로 학교 폭력 자체는 줄었지만, 학교 폭력에서 사이버불링이 차지하는 비중은 8.9퍼센트에서 12.3퍼센트로 늘었어요. 코로나19로 인해 비대면 중심으로 소통하게 되면서 늘어난 거

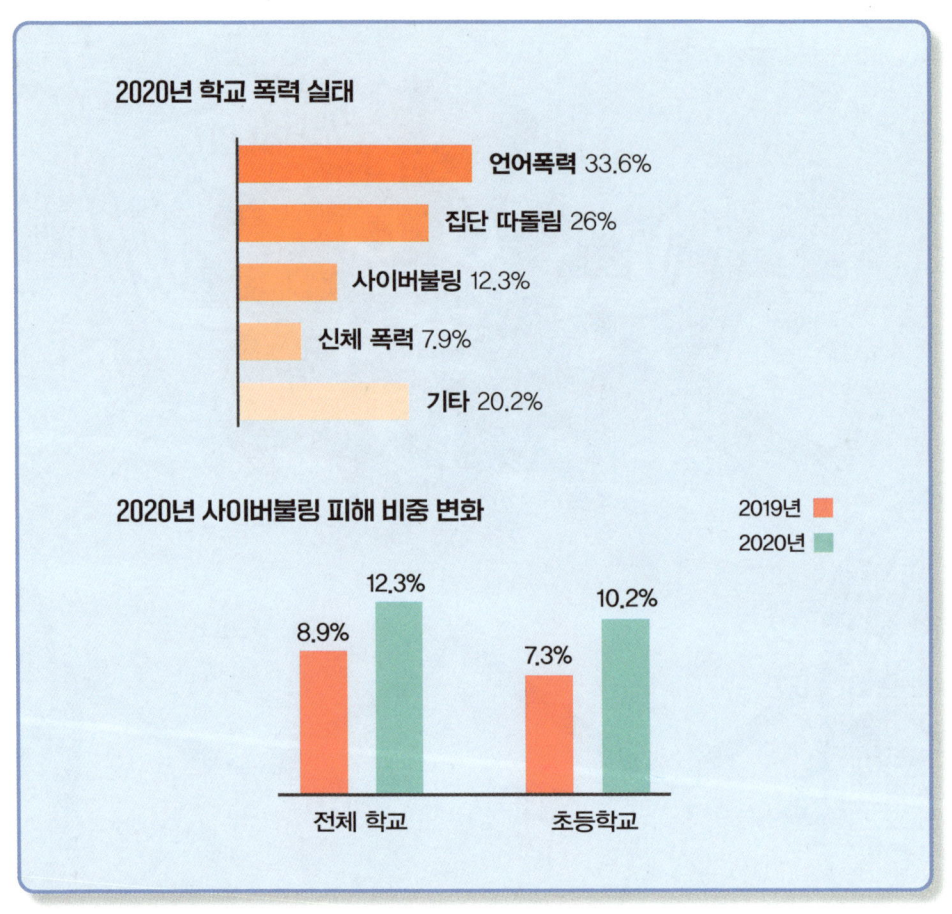

예요."

사회자가 시간을 확인하더니 마이크를 잡았다.

"정리하자면 콘텐츠를 보는 측면에서는 즐길 거리가 다양해지니 당연히 우리 삶도 좀 더 행복해졌다고 볼 수 있겠습니다. 하지만 소셜 미디어를 보다 보면 자신과 남을 비교하게 되어 우울감을 느끼는 면도 있지요.

반대 팀의 주장에 대해 소셜 미디어를 통해 우정을 쌓을 수 있다는 장점 또한 무시할 수 없다는 찬성 팀의 반박이 이어졌고, 이에 대해 반대 팀은 소셜 미디어로 인해 온라인 공간 속 괴롭힘도 늘어나는 추세라고 재반박 하였습니다. 오늘 첫 토론은 이 정도로 하고 잠시 쉬었다가 다음 토론 진행하도록 하겠습니다!"

 소셜 미디어 중독 문제를 어떻게 바라봐야 할까?

어느새 쉬는 시간 10분이 흘렀고 두 번째 토론이 시작됐다.
"두 번째 키워드 공개해 주세요."
화면에 '중독'이라는 단어가 떴다.
"최근 일상에서 소셜 미디어를 자주 사용하게 되면서 소셜 미디어 중독이 큰 문제로 떠올랐습니다. 소셜 미디어 중독의 심각성과 대처 방법을 놓고 토론을 진행해 주면 됩니다. 이번에는 반대 팀이 먼저 발언을 시작해 주세요."
사회자의 말이 끝나자 이슬이 입을 열었다. 마치 외운 글을 읽는 것처럼 또박또박 말했다.

"네, 먼저 소셜 미디어 중독의 심각성에 대해 설명할게요. 소셜 미디어를 오래 하게 되면서 스마트폰에서 빠져나오지 못하는 친구들이 많아요. '2021년 청소년 인터넷·스마트폰 이용 습관 진단 조사'라는 것이 있어요."

이슬이 화면 공유 버튼을 누르자 화면에 통계표가 나왔다.

"여성가족부에서 초등학교 4학년, 중학교 1학년, 고등학교 1학년 학생 127만 명을 대상으로 인터넷·스마트폰 이용 습관을 조사했어요. 이 중 18퍼센트가 인터넷이나 스마트폰 의존도가 지나치게 높아서 일상생활에 지장이 있을 만큼 위험하다고 할 수 있는 '과의존 위험군'으로 나타났어요. 다시 말해서 소셜 미디어 중독 우려가 큰 사람이 다섯 명 중 한 명꼴이죠."

민혁은 이슬의 주장에서 허점이 있다고 생각했다.

"그런데 이 자료는 인터넷과 스마트폰 중독을 조사한 것이지, 소셜 미디어 중독을 조사한 것은 아니잖아요."

"네, 그렇긴 합니다. 그래서 참고 자료로 준비한 것이 있는데요……."

이슬은 예상한 듯 차분한 목소리로 발언했다.

"2018년 우리나라 10대가 가장 오래 사용한 앱을 조사했습니다. 1위가 유튜브, 2위가 카카오톡, 3위가 페이스북, 4위가 네이버 그리고 5위가 네이버 웹툰으로 나왔어요. 1~3위가 모두 소셜 미디어 앱이죠. 이 자료들을 합쳐서 생각해 보면 10대는 스마트폰으로 소셜 미디어를 주로 이용한다는 사실을 알 수 있어요."

이슬이 그럴듯한 반박을 하자 민혁의 얼굴이 빨갛게 달아올랐다.

"자, 좋습니다. 지금 말해 준 것처럼 소셜 미디어로 인한 중독 문제가 심각하지 않다고 보든 아니든, 중독 가능성 자체를 부인할 수는 없을 거 같네요. 중독 문제에는 어떻게 대처해야 할까요?"

사회자의 말이 끝나기가 무섭게 준형이 공격적인 말투로 발언했다.

"강하게 대처해야 합니다. '디지털 디톡스'라는 말이 있습니다. 디톡스는 몸에 있는 독소를 없앤다는 뜻으로, 디지털 디톡스는 전자 기기, 인터넷, 소셜 미디어로부터 멀어져 우리의 몸과 마음을 해독하는 걸 말해요. 이를 위해서는 소셜 미디어 이용 시간과 날짜를 정해 놓고 쓰게 하거나 전체 이용 시간을 정해 놓는 방법이 있습니다. 소셜 미디어로 인해 중독에 빠지고 불행해지고 있는 상황에서는 이처럼 오래 사용할 수 없도록

막아야 할 필요가 있습니다."

준형의 말을 곰곰이 듣던 이슬이 나섰다.

"만 10~19세를 대상으로 만든 '청소년 스마트폰 과의존 척도'를 보면……. 아, 이건 스마트폰에 심하게 빠져 있는지 평가해 볼 수 있는 질문지예요."

이슬이 재빠르게 설명을 덧붙였다.

"여기서 첫 번째 진단 문항이 '스마트폰 이용 시간을 줄이려 할 때마다 실패한다.'예요. 물론 사람마다 이용 시간을 잘 조절할 수 있는 사람도 있지만, 스스로 통제하지 못하는 사람도 많아요. 또 스마트폰이든 소셜 미디어든 많이 쓰면 그만큼 중독될 위험이 커지는 것은 당연한 일이지요. 그렇기 때문에 이용 시간 자체를 정해 놓거나, 밤에는 못 쓰게 하는 식으로 강하게 대응해야 한다고 봐요."

반대 팀 이슬의 발언에 예린이 반박했다.

"중독될 확률이 높다고 해서 무조건 이용 시간을 정해 놓고 쓰는 게 완벽한 해결책은 아니라고 생각해요. 중독 문제를 조금 더 근본적으로 해결하려면 사람들이 소셜 미디어에 빠지게 된 이유를 알아볼 필요가 있어요. 혹시 '2×2 규칙'을 아나요?"

낯선 용어에 반대 팀은 물론 민혁도 모르겠다는 표정을 지었다.

"미국 소아 과학회에서 1999년에 만든 규칙이에요. 두 살 미만 아이에게는 TV나 컴퓨터를 보여 주면 안 되고, 두 살 이상이 되면 보여 주는 시간이 하루 두 시간을 넘어서는 안 된다는 규칙이지요. 그런데 2016년 미국 소아 과학회는 갑자기 이 규칙을 바꿨어요."

"규칙을 처음 만든 1999년에는 스마트폰이 없는 시절이라서 나중에 수정한 거 아닙니까?"

예린의 발언이 다 끝나기도 전에 준형이 끼어들어 질문했다.

"스마트폰이 생긴 점을 반영해서 규칙을 바꾼 건 맞아요. 하지만 어떻게 바뀌었냐면 사실상 TV나 컴퓨터, 스마트폰을 보여 주면 안 된다는 규칙 자체를 없앴어요. 두 살 미만도 화상 통화 등은 가능하다는 쪽으로 바뀌었고, 두 살에서 다섯 살까지는 한 시간 정도 스마트폰을 이용할 수 있지만 부모와 함께하도록 했어요. 여섯 살 이상은 어땠을까요?"

"어떻게 했는데요?"

이슬이 묻자 예린이 답을 이어 갔다.

"아예 이용 시간 제한을 없앴습니다. 이용 시간을 제한한다고 해서 중독 문제가 해결된다고 보지 않은 것이죠. 중요한 건 TV나 컴퓨터, 스마트폰 등의 기기를 오래 사용하는가가 아니라 그것을 어떻게 이용하느냐가 중요하다고 본 거예요. 다시 말해서 기기 사용을 무조건 금지하는 게 정답은 아니라는 거죠."

방청객처럼 토론을 지켜보던 민혁이 무릎을 쳤다. 그동안 말하고 싶었지만 근거가 분명하지 않아서 말할 수 없었던 생각이 명쾌하게 정리된 느낌이었다. 스마트폰이나 소셜 미디어를 오래 하는 것 자체가 문제일 수도 있지만, 어쩌면 중독의 진짜 원인은 다른 데 있을지 모른다.

"조금 다른 얘기일 수 있지만……."

민혁이 조심스럽게 말을 꺼냈다.

"저는 게임을 좋아해서 게임 커뮤니티에 자주 접속하는데, 토론을 듣다 보니 거기서 공유됐던 기사가 떠올랐어요. 한번 검색해 볼게요."

민혁이 화면 공유 버튼을 눌러 인터넷 포털 검색창을 띄웠다. '게임 중독'이라는 키워드로 검색하자 게임 전문 언론사의 기사가 나왔다. '게임 과몰입은 원인이 아닌 결과, 가정을 먼저 살펴라.'라는 제목의 기사였다.

"기사에 따르면 청소년 2천 명을 대상으로 꾸준히 추적하는 연구를 한 결과 게임에 지나치게 빠져 일상생활에 지장을 받는 학생 100명이 있었습니다. 1년 후 다시 살펴보니 50명이 정상으로 돌아왔고, 5년 동안 지켜본 결과 열한 명만이 중독 상태로 남아 있었지요."

"이 학생들에게 게임이 금지된 것도 아닌데 왜 중독 인원이 이렇게 많이 줄어들었습니까?"

사회자가 호기심 어린 표정으로 질문을 던졌다.

"게임 중독 여부가 게임 자체보다는 게임에 의존하게 된 이유에 의해 더 크게 좌우되었기 때문입니다. 예를 들어서 가정이 화목하지 않을 때 게임에 지나치게 빠졌는데, 이후에 가정이 다시 화목해지면서 게임 중독도 사라지게 된 것이죠."

민혁은 목소리를 가다듬고 말을 이었다.

"어떤 중독이든 비슷하다고 생각합니다. 중독될 만한 대상이 있다고 해서 모두가 중독되지는 않죠. 중독에 빠지게 된 원인이 있을 거예요. 가정의 문제일 수도 있고 친구 간의 문제일 수도 있고요. 그런 점을 더 살펴봐야 하지 않을까요?"

민혁은 조심스러운 말투로 말을 마쳤다. 준형이 고개를 끄덕이며 시원시원한 말투로 인정하면서 발언을 시작했다.

"동의합니다. 하지만 소셜 미디어로 인해 심리적으로 안 좋아지는 사람이 있는 것은 분명합니다. 중독 위험 요소가 있는 환경에 놓이면 중독에 더 쉽게 빠질 수밖에 없어요. 사회적으로 중독될 수 있는 물건은 미성년자에게 팔지 않거나, 혹은 성인들에게도 안 파는 경우도 있잖아요. 이처

럼 소셜 미디어 이용 시간도 어느 정도 강력하게 규제할 필요가 있다고 봅니다."

대회 시간이 얼마 남지 않자 사회자가 마이크를 켜고 정리 발언을 시작했다.

"네, 인상적인 토론이었습니다. 소셜 미디어 중독 문제는 이용 시간을 제한하는 방식으로 해결해야 한다는 주장이 나왔습니다. 하지만 소셜 미디어 자체가 아니라 이용자가 처한 환경에 중독의 원인이 있을 수 있으므로 소셜 미디어 이용을 제한하는 것만으로는 중독 문제를 해결할 수 없다는 반박이 나왔습니다. 오늘도 불꽃 튀는 토론이 이어졌네요. 모두 수고 많았고, 오늘 토론은 여기서 마치겠습니다!"

민혁은 준형이의 말 역시 일리 있다고 생각했다. 민혁은 사회자도 다른 토론자들도 모두 퇴장한 줄도 모른 채 생각을 정리하며 한참을 토론 창에 머물러 있었다.

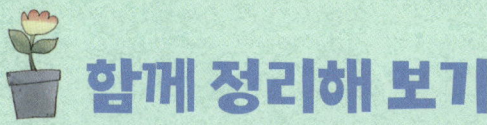

함께 정리해 보기
소셜 미디어와 마음 건강에 대한 쟁점

소셜 미디어 사용 찬성 팀	논쟁이 되는 문제	소셜 미디어 사용 반대 팀
취향별 맞춤 콘텐츠를 통해 다른 미디어보다 더 큰 즐거움과 만족감을 준다. 사람들과 비대면 방식으로도 활발하게 소통할 수 있게 하여 관계를 더욱 돈독하게 해 준다.	삶의 행복	소통에 참여하지 못하면 불안감이 생기고, 소셜 미디어를 통해 남과 자신을 비교하면서 우울감이 커진다. 소셜 미디어상에서 일어나고 있는 사이버불링 문제 또한 심각하다.
중독 주장은 과장된 면이 있고, 소셜 미디어 사용 시간 제한은 중독을 막는 데 큰 의미가 없다.	소셜 미디어 중독	소셜 미디어 중독 문제가 심각하므로 사용 시간을 제한해야 한다.

소셜 미디어는 우리 사회를 이롭게 할까?

4장

민주주의 사회는 시민 한 사람 한 사람이 나라의 주인인 사회야. 소셜 미디어를 통해 누구나 자유롭게 사회에 목소리를 낼 수 있게 되면서 민주주의가 발전하고 있다고 보는 사람들이 있어. 악의적인 가짜 뉴스가 퍼지면서 사회 혼란이 더욱 커지고 민주주의 발전이 방해받고 있다고 생각하는 사람들도 있지. 사회적 약자와 소수자들 역시 전보다 더 목소리를 낼 수 있게 되어 여론의 다양성이 이루는 데 소셜 미디어가 도움이 되고 있다고 보기도 하지만, 소셜 미디어 때문에 이들을 억압하는 혐오 표현이 늘어나고 있다는 주장도 있어.
이번 장에서는 소셜 미디어가 우리 사회에 끼치는 영향에 대한 다양한 논쟁을 하나씩 살펴보자.

소셜 미디어 사용 찬성 팀

소셜 미디어는 민주주의 발전에 기여하고 있어. 세계 곳곳에서 소셜 미디어를 중심으로 민주화 운동이 펼쳐지거나, 부당한 일에 저항하는 운동이 여러 차례 벌어졌어. 또 소셜 미디어를 통해 자신이 속한 학교, 군대, 직장 등의 감춰진 문제를 세상에 알리고 문제를 개선하고 있기도 해. TV와 같은 매스 미디어를 통해서는 목소리를 내기 어려웠던 힘없는 사람들이 자신의 목소리를 세상에 전할 수 있게 되면서 여론의 다양성 또한 이루어지고 있어.

소셜 미디어 사용 반대 팀

소셜 미디어는 민주주의를 무너뜨리고 있어. 사실이 아닌 정보를 아무런 검증 없이 퍼뜨릴 수 있게 되면서 가짜 뉴스가 셀 수 없이 쏟아지고 있어. 가짜 뉴스에 속은 사람들이 범죄를 일으키는 일도 벌어지고 있지. 또 특정 지역 사람이나 성별을 비하하는 말과 사회적 약자, 소수자를 혐오하는 말을 함부로 할 수 있게 하여 사회적 차별을 부추기는 문제도 있지.

🔔 가짜 뉴스에 속았어!

　일요일 아침 민혁은 친구 하민과 메신저 대화를 주고받다 벌떡 일어났다. 하민이 보낸 링크를 눌러 보니 인기 많은 햄버거를 하나 사면 두 개를 더 준다는 내용의 SNS 게시글이 있었다.
　점심때 민혁과 하민은 친구 다율도 같이 데리고 경쾌한 발걸음으로 가게로 향했다.

"어서 오세요!"

셋은 계산대 앞으로 걸어갔다. 민혁은 가게 안을 두리번거리다 이상함을 느꼈다. 1+2 행사를 알리는 포스터가 어디에도 보이지 않았다.

"1+2 행사하는 햄버거 시키려고 하는데요."

다율이 주문을 하자 가게 직원은 곤란한 표정을 지어 보였다.

"흠, 그런 행사는 한 적이 없는데요?"

셋은 눈을 동그랗게 떴다.

"네? 저희가 분명 SNS에서 확인하고 왔는데요?"

민혁과 하민이 놀라서 묻자, 다율이 친구들에게 조심스럽게 말했다.

"혹시 다른 가게랑 헷갈린 거 아니야?"

민혁과 하민이 동시에 대답했다.

"아니야!"

하민은 억울한 표정을 지으며 스마트폰으로 민혁과 대화를 나눴던 방에 접속했다. 화면을 올려 1+2 행사 내용이 있던 링크를 눌렀다.

"헉, 없는 게시물이래!"

하민이 소스라치게 놀랐다.

"이리 줘 봐!"

민혁이 스마트폰을 가져가 다시 눌러 봤다. '사라진 게시물입니다.'라는 문구만 떠 있을 뿐 햄버거 1+2 행사를 알리는 내용은 찾을 수 없었다.

"사실 여러분만 그런 게 아니에요. 누가 가짜 뉴스를 올렸는지, 햄버거를 1+2에 판매한다고 착각하고 찾아온 사람이 어제부터 많았어요."

햄버거 하나 살 돈밖에 없었던 세 친구는 결국 햄버거를 사지 못한 채 가게를 나왔다.

"누가 가짜 뉴스를 만들었는지, 진짜 짜증 난다!"

민혁과 하민은 분한 마음을 감출 수 없었다.

"그러게. 요즘 소셜 미디어를 통해서 할인 행사를 워낙 많이 하니까 진짜인 줄 알았어."

다율이 옆에서 거들었다. 매주 한 번씩 기업 관계자들을 만나서 음식을 반값에 파는 식의 파격 할인을 하는 유튜브 콘텐츠가 최근 인기를 끌다 보니, 민혁과 친구들은 파격적인 할인 행사가 거짓일 거라고 생각하지 못했다. 소셜 미디어에 올라온 게시물 이미지에 업체 로고까지 선명하게 박혀 있어서 그럴듯해 보이기까지 했다.

"민혁아, 어서 오렴!"

다음 날 도서관 토의실 문을 열자 선생님과 예린이 웃으며 반갑게 맞아 주었다.

"자, 다음 주는 소셜 미디어가 우리 사회에 이로운 미디어인지를 놓고 토론할 거야."

민혁이 자리에 앉자 선생님이 진지한 표정을 지으며 토론 주제를 설명했다.

"소셜 미디어가 우리 사회에 어떤 영향을 끼쳤을까? 각자 생각나는 게 있으면 얘기해 보자."

"가짜 뉴스요! 소셜 미디어에는 가짜 뉴스가 너무 많아요."

민혁은 미리 준비하고 있었던 것처럼 곧장 대답했다.

"우리를 속이는 가짜 뉴스는 어떤 게 있을까?"

선생님이 호기심에 찬 표정으로 물었다.

"실은 어제 햄버거 1+2 행사를 한다고 해서 갔는데, 가짜 뉴스였어요. 속은 걸 알고서 가게에서 정말 민망했어요."

옆에서 예린이 키득키득 웃었다.

"아, 웃어서 미안! 실은 나도 그거 봤어."

"너도 속았어? 진짜 어이없지 않냐?"

민혁은 예린도 당연히 속았을 거라고 생각했다. 예린은 활짝 웃으며 놀리듯이 말했다.

"나는 안 속았지! 거짓말인 걸 알아서 나는 가게에 안 갔어."

눈이 휘둥그레진 민혁이 물었다.

"정말? 가게에 가지도 않았는데 게시물 내용이 거짓말이라는 걸 어떻게 알았어?"

예린은 스마트폰을 보여 주며 우쭐대면서 말했다.

"1+2는 너무 파격적이잖아. 그래서 공식 홈페이지에서 찾아봤는데 그런 행사 내용이 없더라고. 공지 사항에도 1+2 행사 소식은 사실이 아니라고 나와 있었고."

선생님이 고개를 끄덕이며 말을 꺼냈다.

"소셜 미디어상에는 가짜 뉴스가 정말 많아. 예린이는 다행히 가짜 뉴스에 속지 않았구나! 뭔가 의심스러운 주장이 있을 때는 예린이처럼 당사자의 공식 입장을 확인해 보는 것이 좋아."

민혁은 앞으로는 사실 확인을 잘해서 가짜 뉴스에 다시는 속지 않겠다고 다짐했다.

"선생님, 그런데 우리는 소셜 미디어 사용 찬성 팀이잖아요. 소셜 미디어에 떠도는 가짜 뉴스가 이렇게 일상에서도 많은 피해를 주고 있는데, 좋은 면을 어떻게 주장해야 할지 모르겠어요."

예린이 옆에서 거들었다.

"그렇긴 해요. 지난번에 신조어를 주제로 토론하면서 잠깐 얘기했지만 소셜 미디어에는 혐오 표현도 정말

가짜 뉴스에 속지 않는 방법

먼저 정보의 출처를 확인한다. 출처가 확인 가능한 뉴스인지, 이름을 비슷하게 하여 특정 기관에서 내보낸 거처럼 속인 뉴스는 아닌지 꼼꼼히 살피도록 한다.

두 번째로 뉴스의 작성자가 있는지 확인한다. 작성자가 실제로 있는 사람인지, 이전에 온라인상에 어떤 글을 올렸는지 찾아본다.

세 번째, 뉴스가 언제, 어디서 만들어졌는지 살핀다. 뉴스에 포함된 동영상, 사진 등이 찍힌 시간과 장소가 분명히 나와 있지 않으면 가짜 뉴스일 가능성이 있다.

네 번째, 보고 있는 정보를 믿을 만한 다른 매체에서도 다루었는지 찾아본다.

다섯 번째, 뉴스의 정보가 불안을 일으키는 내용인지 살핀다. 뉴스를 보면서 불안과 무서움, 화가 크게 느껴진다면, 뉴스가 우리에게 이런 반응을 이끌어 내려는 의도로 쓰인 것은 아닌지 생각해 봐야 한다. 가짜 뉴스는 공격하려는 대상의 신뢰도를 떨어뜨리려고 이런 감정을 부추기기도 하기 때문이다.

많아요. 이런 표현들도 사회를 더 안 좋게 만들고 있는 거 같아요."

예린과 민혁의 말을 진지하게 듣던 선생님이 차분하게 말했다.

"맞아. 누구나 자유롭게 콘텐츠를 만들어 올릴 수 있으니까 그만큼 검증이 안 된 정보가 많고 사람들을 쉽게 속일 수 있는 문제가 생기는 것도 사실이지. 그런데 좋은 점도 있지 않을까? 가짜 뉴스나 혐오 표현 같은 문제를 시민 스스로 바로잡을 수 있는 기회를 만들어 주기도 하잖아. 이런 점을 한번 살펴보면 좋을 거 같아."

"네!"

민혁과 예린이 한목소리로 대답했다. 선생님의 말을 듣고 보니 민혁은 소셜 미디어가 사회에 끼치는 좋은 영향도 찾아보면 분명 많을 거라는 생각이 들었다. 아빠에게 소셜 미디어는 이로운 미디어라고 말한 만큼 좋은 점들을 꼭 찾고 싶었다.

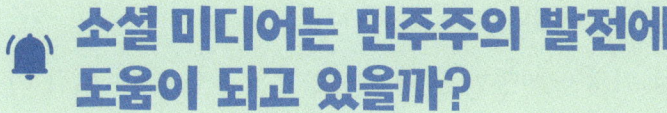

소셜 미디어는 민주주의 발전에 도움이 되고 있을까?

"아아, 소리 잘 들립니까?"

사회자가 마이크를 켜자 긴장감이 맴돌았다.

"자, 그럼 시작하겠습니다."

어느새 세 번째 토론이 시작됐다. 민혁은 크게 심호흡을 했다.

"소셜 미디어는 우리 사회에 어떤 영향을 미치고 있을까요? 사회를 더 나은 방향으로 나아가도록 하고 있을까요, 안 좋은 방향으로 이끌고 있을까요? 세 번째 토론은 '소셜 미디어와 사회'라는 주제로 해 보겠습니다. 첫 번째 키워드 보여 주세요!"

화면에 '민주주의'라는 제시어가 큼지막하게 떴다.

"우리 사회는 민주주의의 원리로 움직이고 있습니다. 민주주의란 국민이 나라의 주인이 되고 국민에 의해 정치가 이루어지는 제도를 말합니다. 소셜 미디어가 처음 등장했을 때 사람들은 민주주의가 더욱 발전할 거라고 생각했습니다. 이전에는 힘 있는 사람들만 자신의 목소리를 미디어를 통해 전하고, 힘없는 사람들은 입장을 전하기가 아주 힘들었습니다. 그러다 소셜 미디어 시대가 열리면서 상황이 바뀌었습니다. 힘이 있든 없든 누구나 자유롭게 세상에 자신의 목소리를 낼 수 있게 된 거죠. 그러면서 민주주의의 취지에 맞는 사회 변화가 이루어지기도 하였습니다."

사회자의 얼굴이 곧 굳어졌다.

"한편으로는 소셜 미디어를 통해 가짜 뉴스, 혐오 표현 등이 널리 퍼지면서 사회가 더 혼란해지고 민주주의를 해치고 있다는 지적이 전 세계적으로 나오고 있습니다. 과연 소셜 미디어는 민주주의 발전에 기여하고 있을까요, 사회 혼란만 부추기고 있는 걸까요? 어느 팀이 먼저 발언하겠습니까?"

민혁과 예린이 손을 들려는 순간 준형은 이미 팔을 뻗고 있었다.

"네, 반대 팀 발언 시작하세요."

"소셜 미디어가 가짜 뉴스로 사회 혼란을 키우고 있다는 건 두말할 필요 없이 명백한 사실입니다. 잠깐 화면을 봐 주세요. 2017년 실시한 조사입니다."

준형이 그래프를 두 개 띄웠다.

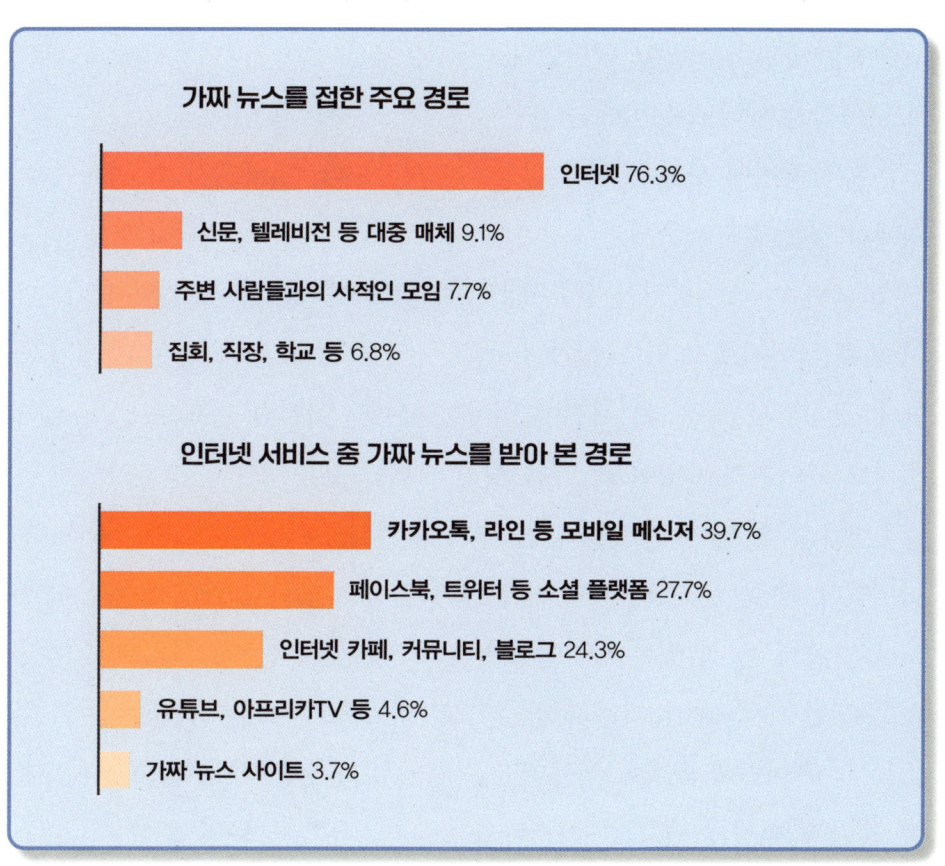

"사람들에게 가짜 뉴스를 어디에서 접했는지 물었더니 무려 76.3퍼센트가 인터넷이라고 답했습니다. 인터넷 서비스로 가짜 뉴스를 받아 본 경로에 대해서는 약 96퍼센트가 소셜 미디어를 통해 접했다고 했어요."

준형의 말이 끝나자 민혁이 손을 들었다.

"사람들이 소셜 미디어에서 가짜 뉴스를 많이 접하고 있다는 것은 사실인 거 같네요. 그런데 가짜 뉴스를 보는 게 곧 사회 혼란으로 이어진다고 보기는 어렵지 않을까요?"

준형은 당황하지 않고 답변했다.

"구체적인 사례도 준비했습니다."

준형은 화면에 사진을 띄워 설명하기 시작했다. 미국에서 한 남자가 거리에서 경찰에게 체포되는 모습이었다.

"2016년 미국 대통령을 뽑는 대선 기간 때 민주당 후보가 피자 가게에서 범죄를 저지르고 있다는 가짜 뉴스가 퍼졌고, 그 말을 믿은 사람이 가게에 찾아가서 총을 쏜 사건이 벌어졌습니다. 이처럼 가짜 뉴스가 실제 폭력으로 이어지고 있어요. 다음 사진 보겠습니다."

준형은 찬성 팀이 반박할 틈을 주지 않았다. 이번에는 미국 의회의 모습이었다. 총을 든 사람들이 미국 국기인 성조기를 흔들고 있었다. 민혁도 뉴스에서 본 적 있는 사진이었다.

"2020년 미국 대선 때는 사람들이 부정 투표가 이루어졌다는 가짜 뉴스를 믿고 이렇게 의회에 쳐들어갔습니다. 가짜 뉴스 때문에 미국 사회는 큰 혼란에 빠지게 됐고, 페이스북과 트위터, 유튜브 등의 소셜 미디어들은 가짜 뉴스를 퍼뜨린 도널드 트럼프 전 대통령과 그를 지지하는 사람들의 계정을 중단시키기까지 했습니다."

"하지만 그건 미국 이야기잖아요. 우리나라에서는 가짜 뉴스로 미국처럼 사회에 큰 혼란이 생긴 적은 없잖아요."

반대 팀 주장의 틈새를 파고들어 예린이 질문을 던졌다.

"음, 물론 우리나라는 미국보다 덜 심각하긴 합니다. 하지만 우리나라도 소셜 미디어를 통해 선거와 관련한 가짜 뉴스를 퍼뜨리는 사람이 많이 늘어났습니다."

"사례가 있나요?"

예린이 다시 물었다. 기습적인 질문이었지만 이번에도 준형은 막힘없이 대답했다.

"물론이죠. 투표 결과를 확인할 때 부정이 있었다고 페이스북을 통해 지속적으로 주장하는 정치인도 있고……."

준형이 포털 사이트에서 '개표 부정 가짜 뉴스'를 검색하자 관련 문제를 지적하는 뉴스가 줄줄이 나왔다.

"언론사들도 문제가 심각하다고 보고 있습니다. 잠시만요, 이 기사를 보면……."

준형이 기사를 클릭하자 선거 관리 위원회가 선거를 앞두고 선거법이 적용되는 기간 동안 선거법 위반으로 인터넷과 소셜 미디어상에서 삭제한 허위 사실 유포 글들이 나타났다. '2021년 4월 7일 재보선도 여권이 선거 조작한다.', '사전 선거 투표용지 바꿔치기가 있었다.'는 주장이 담긴 글이 보였다.

반대 팀 이슬이 손을 들어 발언을 이어 가겠다는 의사를 표시했다. 이슬은 화면 공유 버튼을 누르고 유튜브에 접속했다.

"'부정 선거'라고 검색해 보겠습니다."

그러자 우리나라에서 실시된 선거에 투표함을 바꿔치기하는 등 심각한 부정행위가 있었다는 근거 없는 주장이 담긴 영상들이 보였다.

"그리고 이 영상을 보면……."

이슬이 가짜 뉴스 영상 하나를 클릭하자 민혁은 입이 쩍 벌어졌다. 조회 수가 37만 회가 넘었고, 영상에 붙은 '좋아요'는 3만 건이나 되었기 때문이다.

"많은 사람이 이런 영상을 보고 영향을 받고 있다고 할 수 있어요. 물론 아직 우리에게 선거나 정치는 조금 낯선 이야기일 수 있지만, 우리도 몇 년 지나면 선거권이 생겨요. 선거가 가능한 나이대가 점점 낮아지고 있다 보니, 우리도 지금부터 관심을 가져야 한다고 생각합니다."

이슬이 발언을 마치자 준형이 말을 보탰다.

"소셜 미디어가 생기면서 가짜 뉴스가 만들어졌어요. 민주주의에서 가장 중요한 투표까지도 부정하는 내용이 담긴 가짜 뉴스가 소셜 미디어를 통해 널리 퍼지고 있습니다. 이런 문제는 앞으로 점점 더 심각해질 것입니다!"

잠시 정적이 흐르자 사회자가 마이크를 켰다.

"네, 알겠습니다. 찬성 팀, 제기할 반론이 있나요?"

민혁이 먼저 나섰다.

"제가 옛날 노래 가사를 하나 읽어 보겠습니다."

민혁은 화면에 노래 가사를 띄우고 글귀를 찬찬히 읽었다.

"'선화 공주님은 남몰래 결혼하고 맛둥서방을 안고 밤에 몰래 도망간다.' 먼 옛날 백제 시대에 만들어진 〈서동요〉라는 노래입니다. 미천한 신분의 서동이 선화 공주와 결혼하고 싶은 마음에 아이들에게 이 노래를 부르게 해서 가짜 뉴스를 퍼뜨렸어요. 노래를 듣고 화가 난 백제 무왕은 선화 공주를 먼 지방으로 쫓아냈고, 서동은 쫓겨난 선화 공주에게 접근하게 되지요."

민혁은 〈서동요〉 설명을 하고 나서 본론을 꺼냈다.

"아까 반대 팀은 소셜 미디어가 만들어지고 나서 '가짜 뉴스'가 생겼다고 했는데, 찬찬히 생각해 보면 〈서동요〉도 일종의 가짜 뉴스라고 할 수 있어요. 가짜 뉴스는 어느 날 갑자기 생긴 게 아니라 원래부터 사회에 있었던 것이라고 봐야 하지 않을까요?"

"아무리 그래도 너무 먼 옛날 이야기 아닌가요?"

이슬이 특유의 냉철한 말투로 질문했다. 민혁은 당황하지 않고 말을 계속했다.

"일제 강점기에는 일본 관동 지역에서 대지진이 일어났는데, 이때 조선인들이 우물에 독을 풀었다는 가짜 뉴스가 퍼져서 많은 조선인이 학살당했어요. 1980년에는 시민들이 군인들의 독재에 저항하며 펼친 5.18 민주화 운동을 놓고 정부와 언론이 폭동이라며 가짜 뉴스를 퍼뜨리기도 하였지요. 가짜 뉴스 문제가 있는 건 분명하지만, 이 문제가 꼭 소셜 미디어 때문에 갑자기 생겨난 건 아니라고 생각해요."

상대 팀에서 동요가 느껴졌다. 반대 팀이 소리를 끈 상태에서 잠시 대화를 주고받더니 이슬이 재반박을 하려고 손을 들었다.

이슬 역시 준비한 화면을 띄웠다. 미국 언론사의 분석을 표로 정리한 내용이었다. 2016년 미국 대선 직전 3개월 동안 가장 인기 있던 20개 가짜 뉴스가 페이스북에서 공유되거나 댓글이 달리거나, '좋아요'를 누르는 등 반응을 보인 수가 무려 871만여 건에 달했다고 나왔다. 반면 CNN, 〈뉴욕타임스〉, 〈워싱턴포스트〉 등 주요 언론사의 대선 기사 중에서 가장 인기가 높았던 20개 기사에 반응을 보인 수는 736만 건이었다.

"이처럼 사람들은 진짜 뉴스보다 가짜 뉴스를 더 많이 보고 있습니다. 찬성 팀의 주장을 듣고 보니 가짜 뉴스가 꼭 소셜 미디어 때문에 생긴 것은 아니겠다는 생각이 들어요. 하지만 소셜 미디어를 통해 검증받지 않은 정보가 만들어지고, 급속도로 퍼지고 있어요. 소셜 미디어에서 만들어진 가짜 뉴스가 사람들을 혼란스럽게 하고 있다는 사실만큼은 분명합니다."

"왜 소셜 미디어에는 검증되지 않는 정보가 올라간다고 생각하나요?"

민혁이 물었다. 토론을 위한 질문이기도 했지만, 한편으로는 정말 궁금해서 물어본 것이었다.

"'게이트 키핑Gate Keeping'이라는 말을 아나요?"

이슬은 되물었다. 민혁은 토론을 준비하면서 '게이트 키핑'이라는 단어를 찾아본 적이 있어서 바로 대답할 수 있었다.

"게이트Gate는 '문'이고 키핑Keeping은 '지키다.'는 뜻이라고 알고 있어요. 문지기가 성문을 지키면서 수상한 사람이 성 안으로 들어가지 못하도록 하는 것처럼 특정한 주장이 있으면 그게 사실인지 아닌지 검증하는 걸 말해요."

민혁의 대답을 가만히 듣던 이슬이 말을 덧붙였다.

"맞아요. 언론으로 치면 기자 혼자서 자기 생각을 바로 기사로 쓰는 게 아니라, 좀 더 경험이 많은 기자가 기사 내용이 적절한지 아닌지 체크하

면서 게이트 키핑을 하지요. 그런데 소셜 미디어에서는 우리 생각을 별다른 검증 없이 그대로 올릴 수 있습니다. 게이트 키핑을 전혀 할 수 없어요. 일반인들은 언론처럼 직접 취재하거나 검증 절차를 거치지 않기 때문에 가짜 뉴스가 더 많이 만들어지고 퍼질 수밖에 없습니다."

"꼭 그렇기만 할까요?"

민혁이 다시 질문을 던졌다.

"얼마 전 소셜 미디어를 통해 연예인 인성 논란이 불거진 적이 있어요. 실은 저도 많이 좋아하던 연예인이어서 실망이 컸어요. 그런데 몇 주 뒤 경찰 수사 내용이 실린 기사가 나와서 봤는데, 그 연예인을 만나 본 적도 없는 네티즌이 조작한 거였어요."

민혁이 질문을 하려 했지만 이슬은 잠시 숨을 고르고 답을 이어 나갔다.

"소금물을 마시면 코로나19가 낫는다거나, 코로나19 백신을 맞으면 몸에 마이크로칩이 심겨 감시를 당한다는 가짜 뉴스도 이런 식으로 퍼졌어요. 코로나19 유행을 하루빨리 멈추려면 사람들이 빨리 백신을 맞아야 하는데, 백신이 믿을 게 못 된다는 식의 잘못된 정보가 소셜 미디어를 통해 퍼지면서 사회 혼란을 부추겼어요. 이 사례만 보아도 소셜 미디어에서 전문 언론인이 아닌 사람들이 만드는 가짜 뉴스가 우리 사회에 얼마나 무서운 영향을 끼치는지 알 수 있어요."

예린이 민혁에게 "이번엔 내가 할게."라고 말을 건넸다. 민혁이 고개를 끄덕였다.

"듣고 보니 누구나 자유롭게 정보를 만들어 올리면서 검증을 제대로 하지 못하는 측면이 있기는 하네요. 그런데 그걸 꼭 나쁘게만 볼 일은 아닌 거 같아요. 잠깐 소셜 미디어에 들어가 볼게요."

소셜 미디어에 접속하자 무슨 말인지 모를 글씨가 보였다.

"이렇게 봐선 무슨 얘긴지 잘 모르겠죠? 같이 올라온 영상을 볼게요."

예린이 영상을 클릭하자 군인으로 보이는 사람들이 시민들을 폭행하고 총을 겨누는 모습이 펼쳐졌다. 시민들은 굴하지 않고 군인들에게 맞서고 있었다. 마치 영화의 한 장면 같았다.

"이 글은 미얀마에서 군인들의 탄압이 멈출 수 있도록 도와 달라고 호소하는 내용이에요. 2021년 미얀마에서는 군인들이 무력으로 권력과 언론 매체를 장악했고, 시민들은 군부에 맞서 시민 불복종 운동을 펼쳤어요. 미얀마 시민들은 소셜 미디어를 통해 자신들이 처한 상황과 목소리를 전 세계에 알렸고, 미얀마에서 멀리 떨어진 우리나라에서도 많은 사람이 미얀마의 민주화를 지지하는 의사를 밝혔지요."

예린이 다부진 목소리로 말을 이었다.

"저도 제 유튜브 채널에 미얀마 사람이 지지를 호소하는 댓글을 달아서 이 사건에 관심 갖게 됐어요. 미얀마 사례처럼 소셜 미디어가 반드시 민주주의에 안 좋은 영향을 끼치는 건 아니라고 생각해요. 평범한 사람들이 언론인 역할을 할 수 없는 것도 아니라고 봐요."

예린이 또 다른 사진 한 장을 띄웠다. 백인 경찰이 수갑을 채운 흑인 시민을 온몸으로 짓누르고 있는 모습이 보였다.

"'조지 플로이드 사건'을 아나요? 조지 플로이드는 2020년 백인 경찰에

의해 범인으로 몰려 억울한 죽음을 당했어요. 경찰이 조지 플로이드를 죽음에 이르게 하는 모습을 당시 다넬라 프레이저라는 10대 소녀가 찍어서 소셜 미디어에 올렸고, 이 사건은 전 세계에 알려졌어요. 이 일로 다넬라 프레이저는 2021년 언론인이 받는 가장 권위 있는 상인 퓰리처상 특별상을 받았답니다. 게이트 키핑 없이도 시민들도 충분히 언론 활동을 펼칠 수 있다는 걸 보여 주는 사례이지요."

"이거야말로 해외에만 해당되는 이야기 아닙니까?"

준형이 불쑥 질문했다. 예린은 동요하지 않고 마우스를 클릭했다. 군인이 곤봉을 들고 시민을 내려치는 흑백 사진이 떴다.

"앞서 이야기한 해외 사례 같은 일들이 우리나라에서도 가능했다면 얼마나 좋을까요? 아까 민혁 학생이 이야기한 5.18 민주화 운동을 기억하지요? 이 사진은 광주에서 일어난 5.18 민주화 운동 모습이에요. 미얀마에서 벌어진 쿠데타 상황과 비슷했지요. 그런데 5.18 민주화 운동은 오랜 기간 '폭동'이라는 꼬리표를 떼지 못했어요. 당시 언론은 권력에 장악되어 오히려 진실을 감추고 가짜 뉴스를 퍼뜨렸지요. 광주 시민들은 자신들이 처한 상황과 목소리를 세상에 알릴 수 없었어요. 만약 당시에 소셜 미디어가 있었으면 어땠을까요?"

같은 팀 민혁은 물론 반대 팀의 준형과 이슬도 비극적인 사건 앞에서 안타까운 표정을 지었다. 잠시 정적이 흐르고 이슬이 조심스럽게 말을 꺼냈다.

"좋은 설명인 거 같아요. 소셜 미디어가 민주주의에 기여할 수 있다는 점을 알게 됐습니다. 그런데 지금 우리나라는 5.18 민주화 운동이 벌어지던 때와는 상황이 달라요. 지금은 누구나 자유롭게 이야기할 수 있고 언론이 장악되지도 않았어요. 이런 상황에서는 기자가 아닌 자격 없는 사람들이 확인되지 않은 정보를 소셜 미디어를 통해 퍼뜨리는 문제가 더 심각하다고 봐야 하지 않을까요?"

민혁이 나섰다.

"이번엔 제가 말해 볼게요. 사실 저도 소셜 미디어로 인한 가짜 뉴스 문제의 심각성만 생각했는데, 토론을 준비하면서 소셜 미디어가 우리 사회의 진실을 알리는 데 큰 도움이 될 수 있다는 것을 알게 됐어요. 사진을 한 장 볼게요."

식판 사진이었다. 밥이 들어가는 자리에는 절반도 안 되는 적은 양의 밥이 채워져 있고, 반찬 칸에는 소시지 세 개 그리고 김치가 전부였다.

"초등학생인 우리도 이렇게 밥을 먹으면 너무 배고플 거 같아요. 그런데 이게 군대에서 나온 식단이에요. 코로나19에 걸려서 따로 격리된 군인들에게 제대로 된 밥을 주지 않은 거지요."

"갑자기 군대 얘기를 하는 이유가 뭡니까?"

민혁의 말을 듣던 준형이 입을 열었다. 토론 시간이 제법 흐른 상황이라 준형의 말투가 살짝 날이 서 있었다.

"이 사실이 어떻게 알려졌는지 아나요? 군인들이 사진을 찍어서 군대 문제를 고발하는 페이스북 페이지에 올렸어요. 그러자 많은 언론 기사가 쏟아져 나왔고, 군대에서 사과를 하고 개선하겠다고 발표했어요. 평범한 사람이라고 해서 자격이 없는 것은 아니라고 생각해요. 오히려 일반인들이 세상의 문제를 적극적으로 알리고 문제를 해결해 내면서 잘못된 것을 바로잡고 있어요. 언론인은 아니지만, 언론인과 같은 역할을 하고 있는 셈이죠."

예린이 무언가 생각난 듯한 표정을 짓더니 발언을 신청했다.

"'깔창 생리대'라고 들어 본 적 있나요?"

사회자를 제외하곤 다들 잘 모르겠다는 표정을 지었다.

"생리대를 살 돈이 없어서 신발 깔창을 생리대로 사용한 학생들이 있어요. 이 사실도 트위터 같은 소셜 미디어를 통해 알려졌고, 많은 사람이 안타까워하며 깔창 생리대 글을 공유하기 시작했어요. 그러자 언론은 상황을 자세하게 보도했고, 이후에 청소년에게 생리대를 지원하는 정책이 나오기도 했어요. 깔창 생리대 일을 보면 소셜 미디어를 통해 우리 사회의 문제점이 조금씩 해결되고 있다는 것을 알 수 있어요. 어른들의 일뿐만 아니라 우리 어린이, 청소년의 문제를 해결하는 데도 도움이 되고 있지요."

찬성 팀 발언이 마무리되자 반대 팀의 이슬이 다시 말을 꺼냈다.

"소셜 미디어가 민주주의 발전에 어느 정도 도움이 되고 있다는 것은

저희도 인정합니다. 하지만 그런 사례만 있는 건 아니죠. 소셜 미디어의 긍정적인 면만 보려고 하니까 미국에 이어서 한국에서도 가짜 뉴스 문제가 심각해지고 있는 거예요. 가짜 뉴스 콘텐츠가 점점 더 확산되고 있고, 강도도 높아지고 있어요. 민주주의에 해가 되고 있어요."

토론이 충분히 이뤄졌다고 생각한 사회자가 정리 발언을 했다.

"네, 좋습니다. 소셜 미디어가 민주주의를 발전시키고 있는지, 방해하고 있는지 팽팽한 토론이 이어졌습니다. 누구나 자유롭게 콘텐츠를 만들어 올릴 수 있는 소셜 미디어 특성으로 인해 가짜 뉴스 문제가 심각해졌다는 주장이 나왔고, 평범한 사람들이 올리는 정보들이 언론 못지않은 좋은 역할을 하고 있다는 반론이 나왔습니다. 오늘의 첫 번째 토론은 여기서 마치고, 잠시 쉬었다가 계속하겠습니다."

🔔 소셜 미디어는 다양성을 키우는 무대일까?

"자, 두 번째 토론의 막을 열겠습니다! 키워드 공개해 주세요."

이번에는 화면에 '다양성'이라는 세 글자가 떴다.

"소셜 미디어를 통해 누구나 세상을 향해 자유롭게 목소리를 낼 수 있게 되었는데요, 우리 사회는 소셜 미디어가 생기기 이전보다 다양성이 더욱 잘 실현되는 사회로 변했는지, 아니면 다양한 목소리를 공격하고 억압하는 사회로 변했는지 토론해 보겠습니다. 이번엔 찬성 팀이 먼저 발언을 시작해 볼까요?"

민혁은 차분하게 심호흡을 한 다음 화면 공유 버튼을 눌렀다. 유튜브에서 '택배 기사의 하루'라는 제목의 영상을 클릭했다. 일어나서 퇴근할 때까지 택배 기사의 일상을 보여 주는 내용이었다.

영상 속 택배 기사는 아침부터 하차장에 출근해서 점심까지 택배 물건

을 하나하나 분류하는 '까대기'라고 하는 작업을 했다. 시간이 부족해서 식사는 10분 만에 끝내야 했다. 오후에는 본격적으로 집집이 방문하며 택배를 전달하는데, 쉴 시간이 무척 부족해 보였다. 차 짐칸에서 짐을 정리하고 옮길 때는 에어컨도 쐴 수 없는 열악한 환경에서 일할 수밖에 없었다.

"저는 이 영상을 보면서 택배 기사님들이 얼마나 힘들게 일하는지 알게 됐어요. 우리가 물건을 받기까지 이분들의 보이지 않는 노력이 있었던 거죠. 영상 댓글을 보면 기사님들이 너무 고생하는 거 같고, 앞으로는 택배가 안 온다고 재촉하지 말아야겠다고 말하는 사람들이 많아요. 우리 주변에는 아주 다양한 사람들이 있어요. 하지만 저마다 어떤 어려움을 안고 사는지는 알기 어렵지요. 소셜 미디어를 통해 평범한 사람들이 직접 콘텐츠를 만들어 올리면서 우리는 다양한 사람들의 목소리를 들을 수 있게 됐고, 어려움과 고민도 함께 나눌 수 있게 됐어요. 이런 점에서 소셜 미디어는 의미가 큰 거 같아요."

민혁이 말을 마치자 반대 팀의 이슬이 손을 들어 발언을 신청했다.

"우리 사회는 다양한 사람이 어울려 사는 곳인 만큼, 찬성 팀에서 보여 준 영상처럼 서로를 이해할 수 있도록 도와주는 콘텐츠는 값지다고 생각해요. 그런데 소셜 미디어로 인해 우리 사회는 오히려 서로를 이해할 수 없게 된 면도 있는 거 같아요. 특히 사회적 약자와 소수자를 향한 혐오 표현이 소셜 미디어에 너무 많이 쏟아지고 있어요."

사회자가 잠시 손을 앞으로 내밀어 말을 꺼냈다.

"'혐오 표현'이 어떤 의미인지 먼저 설명해 줄 수 있을까요?"

이슬은 고개를 끄덕였다.

"아, 네. 혐오 표현은 사회적으로 수가 적거나 힘이 약한 사람을 인정하지 않고 차별하는 표현이에요. 혐오 표현을 쓰면 상대를 차별하는 마음이 생기고 그러다 보면 실제 차별로도 이어질 수 있어요."

이슬이 화면 공유를 했다. 국가 인권 위원회가 2019년 만 15세 이상부터 17세 이하 청소년 500명을 대상으로 실시한 조사로, 혐오 표현을 어디서 접했는지 묻는 내용이었다. 혐오 표현을 접한 청소년의 82.9퍼센트가 온라인 공간에서 혐오 표현을 경험했다고 답했다.

"국가 인권 위원회가 발표한 10대들 사이에서 쓰이는 혐오 표현 사례를 보면 '여자가 왜 얌전하지 못해.'처럼 특정 성별을 차별하거나 '공부 열심히 해서 치킨 시켜 먹을래, 아니면 치킨 배달할래?', '장애인 같은 짓 좀 하지 마!'처럼 특정 직업과 장애인을 비하하는 발언과 '동성애자, 그거 정신병자 아니야?' 같은 성 소수자 혐오 표현도 있어요. 이런 표현이 온라인, 특히 소셜 미디어에서 매일같이 나오고 있다는 점에 우리는 주목해야 해요."

"과연 그렇기만 할까요?"

민혁이 반론을 못 하고 주저하는 사이, 예린이 자신만만한 목소리로 발언을 시작했다. 화면을 공유한 예린은 유튜브에 접속해 채널을 검색했다. 그러자 '시각 장애인끼리는 밥을 어떻게 먹을까?', '시각 장애인은 혼자 편의점에서 과자를 살 수 있을까?', '시각 장애인이 된 내가 싫어하는 행동 다섯 가지' 등의 제목이 달린 영상들이 나왔다. 예린은 잠시 두리번거리더니 '시각 장애를 가진 내가 장애물을 피해 길을 가는 방법'이라는 영상을 찾아 클릭했다.

영상은 시각 장애인인 유튜버가 자신이 다니고 있는 대학교 캠퍼스를 이동하는 모습을 보여 줬다. 그런데 학교로 들어서는 길이 순탄치 않았다. 노란색으로 된 시각 장애인 안내용 점자 블록 위에 누군가가 전동 킥보드를 세워 놔 길이 가로막혀 있었다. 비장애인이 학교 곳곳을 이동하는 건 별일이 아니지만 장애인에게는 상당히 어려운 일이었다.

"저는 이 영상을 본 뒤로는 자전거를 세워 둘 때 혹여나 점자 블록을 가리지 않았는지 살펴보고 세운답니다. 이처럼 우리는 소셜 미디어 덕분에 사회적 약자들이 겪는 어려움을 알게 되고, 모두가 행복하게 어울려 사는 방법을 찾고 있어요."

"한 가지 사례만 가지고 성급한 일반화를 하면 안 됩니다. 어쩌다 한 번 일어나는 일일 수도 있잖아요."

반대 팀 준형이 목소리를 높이며 반박했다. 예린이 잠시 심호흡을 하고 말을 이어 갔다.

"그러면 제가 여러분에게 몇 가지 물어볼게요."

준형은 잠시 멈칫하더니 단호하게 말했다.

"좋습니다."

"TV에 장애인이 주인공으로 등장하는 드라마나, 장애인이 진행하는 예능 프로그램이 있나요?"

준형이 골똘히 생각하다 살짝 당황한 표정을 지으며 답했다.

"지금 당장은 떠오르지 않네요."

"일반인 할머니가 주인공인 경우는요? 성 소수자 주인공은요?"

준형의 얼굴이 벌겋게 달아올랐다. 예린은 유튜브 활동으로 유명해진 일반인 할머니의 유튜브 채널을 보여 줬다.

"할머니의 유튜브 채널 구독자는 무려 100만 명이 넘었어요. 인스타그램 팔로워도 38만 명이 넘는답니다. 할머니는 외국에서도 주목받았어요. 구글 본사에서 직접 초청받고, 미국 잡지사와 인터뷰를 하기도 했어요."

예린은 다른 유튜브 채널도 보여 주며 발언을 이어 나갔다.

"할머니처럼 구독자가 많은 장애인, 성 소수자 유튜버도 있어요. 할머니가 언론 인터뷰에서 자신의 인생이 부침개 뒤집듯이 뒤집혔다고 한 말이 기억나요. TV만 있는 세상이었다면 사회적 약자와 소수자들이 지금처럼 주목받지는 못했을 거예요. 유튜브 크리에이터로 활동하고 있는 저도 마찬가지예요. TV에는 초등학생이 진행하거나 목소리를 낼 수 있는 프로그램이 거의 없으니까요."

지켜보던 이슬이 의아한 표정을 지으며 질문했다.

"그런 크리에이터들이 있다고 해서 우리 사회의 다양성이 보장되고 있다고 할 수 있을까요?"

예린은 단호하게 대답했다.

"저는 그렇다고 생각해요. 미디어는 우리 세상을 비추는 거울이에요. 거울이 현실을 제대로 비추지 못하면 사람들에게 도움이 될 수 없어요. 세상에는 성 소수자와 장애인, 노인, 어린이 등 다양한 사람이 살아가고 있고, 소셜 미디어는 이러한 현실을 제대로 보여 주고 있습니다. 다양한 사람들의 목소리가 소셜 미디어를 통해 나오고, 커지고 있는 것은 분명한 사실이에요."

예린은 화면 공유 버튼을 눌러서 영상 하나를 재생시켰다. 화면에 '막례는 가고 싶어도 못 가는 식당'이라는 제목의 영상이 떴다. 할머니가 주문 기계로 햄버거 주문에 도전하는 영상이었다. 하지만 시작부터 쉽지 않았다. 기계 화면에 '테이크아웃 하시겠습니까?'라는 문구가 떴는데, 할머니는 '테이크아웃Takeout'의 뜻을 알지 못했기 때문이다. 할머니에겐 기기 작동법이 어려웠고, 메뉴 이미지와 글씨가 작아 메뉴를 제대로 보기도 힘들었다.

예린은 영상에 달린 댓글을 하나씩 보여 줬다.

'사회적 약자에 대한 배려가 전혀 되어 있지 않은 것 같아요.'

'기술이 발전하는 건 좋은데 노약자에 대한 배려가 더 발전했으면 좋겠어요.'

'이 영상을 보고, 앱 만드는 사람으로서 노인층이 소외받지 않게 하겠다고 다짐하게 되었습니다.'

"이 영상은 조회 수가 120만이 넘었어요. 이처럼 많은 소수자와 약자가 소셜 미디어를 통해 목소리를 내고 있고, 또 많은 사람이 이런 콘텐츠를 접하면서 소수자와 약자가 겪는 어려운 현실에 대해 생각해 보고 이들과 더불어 사는 게 중요하다는 생각을 하고 있어요."

토론을 지켜보던 사회자가 다시 나섰다.

"네, 좋습니다. 반대 팀, 반론하겠습니까?"

이슬과 준형이 잠시 대화를 주고받더니, 준형이 손을 들었다.

"모두 의미 있는 사례들이라고 생각합니다. 하지만 아무런 제약 없이 자유롭게 콘텐츠를 올리고, 급속도로 정보가 퍼질 수 있는 소셜 미디어 공간이 과연 다양성에 보탬이 되는 측면이 더 클까요? 저희는 해가 되는 면이 더 크다고 생각합니다."

"왜 그렇게 생각하나요?"

민혁의 질문을 준형은 질문으로 받아쳤다.

"'총공'이라는 말을 아나요?"

민혁의 얼굴에는 당황한 기색이 역력했다. 민혁이 조심스럽게 대답을 하려던 찰나 준형이 말을 이어 갔다.

"소셜 미디어에서 소수자와 약자를 향한 공격은 상상을 초월할 정도예요. 중국 동포나 난민, 여성 등이 올린 게시물 링크를 SNS나 온라인 커뮤니티에 퍼뜨린 다음, 집단적으로 찾아가서 악플을 쏟아 내는 경우가 많습니다. 화장을 하지 않겠다고 한 여성 유튜버에게는 차마 읽을 수 없을 정도의 심한 욕설과 혐오 발언 댓글이 쏟아졌습니다. 또 특정 지역 사람이나 성별을 비하하고 혐오하는 등 극단적인 주장을 하는 커뮤니티들이 나오면서 혐오 발언이 쏟아지고 있는 것도 분명한 현실이죠."

준형이 발언을 하는 동안 이슬이 화면 공유를 준비했다.

"방송 통신 심의 위원회가 인터넷상의 게시글 중에 차별과 비하의 정도가 지나치다고 판단한 것의 통계 자료를 한번 찾아봤습니다."

2016~2020년 5년 동안 온라인상의 차별 비하 내용을 바로잡아 달라고 요구한 건수가 무려 7,714건에 달했다.

"보이는 것처럼 소셜 미디어의 하나인 인터넷 커뮤니티를 중심으로 차별과 비하가 확산되고 있어요. 특히 가장 많은 심의를 받은 커뮤니티 사이트는 여성이나 장애인을 향한 차별과 비하 글이 도를 지나칠 정도로 많이 올라오고 있어요."

준형이 격정적인 목소리로 말을 이어 갔다.

"찬성 팀은 아까 TV와 소셜 미디어를 비교했습니다. TV에서도 소수자나 약자를 향한 혐오 발언이 이렇게나 많이 쏟아지고 있습니까?"

민혁과 예린은 대답하지 못했다.

"매스 미디어는 콘텐츠를 마음대로 만들어 올릴 수 있는 미디어가 아니기 때문에 매스 미디어가 주된 미디어였던 시절에는 혐오 발언이 이렇게나 많이 쏟아지지 않았습니다."

민혁과 예린은 쉽사리 입을 열지 못한 채 생각에 잠겼다. 누구나 자유롭게 콘텐츠를 만들 수 있다는 강점이 오히려 약점이 돼 돌아오니 쉽게 답하기 힘들었다.

사회자가 진지한 표정을 한 채 입을 열었다.

"네, 두 팀의 치열한 토론 잘 들었습니다. 한 팀씩 정리 발언을 하고서 토론을 마무리하도록 하지요."

반대 팀의 이슬이 차분한 목소리로 발언을 시작했다.

"많은 사람이 소셜 미디어를 통해 사회 혼란을 일으키는 정보와, 차별과 혐오를 만드는 표현을 쏟아 내고 있어요. 우리 어린이들은 이런 소셜 미디어 환경에 어릴 때부터 노출돼 있는 상황이고요. 사람들이 계속 소셜 미디어를 사용하고, 사용량이 계속 늘어난다면 가짜 뉴스, 혐오 표현 문제는 더더욱 커질 수밖에 없어요."

이슬의 발언이 끝나자 예린이 다소 힘이 빠진 목소리로 말을 꺼냈다.

"솔직히 반대 팀 주장에 동의하는 면이 많아요. 하지만 이 이야기도 하고 싶어요. 2020년에는 코로나19 감염 위험 때문에 성 소수자들을 위한 축제인 '퀴어 퍼레이드'가 열리지 못했는데, 대신 자신의 캐릭터를 만들어

　　인스타그램에 공유하는 온라인 행진 캠페인이 열렸어요. 하루에 6만 명이 넘게 참여했지요. 소셜 미디어를 통해 더욱 다양한 목소리가 더욱 다양한 방식으로 세상에 전해지고 있고, 소셜 미디어의 이런 면은 발전하고 있어요."

　　예린과 준혁의 얼굴에선 아쉬움이 묻어났다. 상대편의 논리가 무척 설득력이 있다 보니 제대로 반박하지 못했다는 생각이 들었다.

　　민혁은 이번 토론을 통해 생각할 거리가 더욱 많아졌다. 소셜 미디어는 사회에서 소외된 사람들이 목소리를 낼 수 있게 도와줘 다양성을 실현시키는 공간이면서, 동시에 소수자와 약자를 억압하는 공간이기도 하다는 것을 새삼 알게 되었다. 좋은 면만 살려서 사용할 수 있다면 더 나은 사회를 만드는 데 소셜 미디어가 큰 도움이 될 수 있을 텐데 하는 아쉬움이 들었다.

민혁이 이런 생각을 하고 있는 사이 사회자가 말했다.

"무엇이든 좋은 면과 나쁜 면이 함께 있는 것이죠. 중요한 건 이것을 어떻게 사용하는가라고 생각합니다. 이 문제는 이후 토론을 통해 충분히 얘기를 나눠 보면 좋겠습니다. 오늘 토론은 여기서 마치겠습니다!"

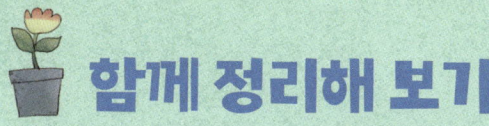

함께 정리해 보기

소셜 미디어와 우리 사회에 대한 쟁점

소셜 미디어 사용 찬성 팀	논쟁이 되는 문제	소셜 미디어 사용 반대 팀
소셜 미디어는 민주화 운동의 장이 되고 있고, 감춰져 있던 사회 문제를 고발하고 개선시키는 데 도움이 되고 있다.	민주주의 발전	소셜 미디어를 통해 쏟아지는 가짜 뉴스가 사회 혼란을 불러일으키고, 민주주의를 해치고 있다.
사회적 약자와 소수자 등 누구나 자신의 목소리를 널리 알릴 수 있게 됐다.	다양성 실현	혐오 표현으로 사회적 약자와 소수자를 억압하고 차별을 불러일으키고 있다.

소셜 미디어 속 기술은 어떻게 쓰이고 있을까?

5장

소셜 미디어는 우리가 좋아할 만한 콘텐츠, 관심 있는 제품을 알아서 보여 줘. 알고리즘 기술이 쓰인 이러한 소셜 미디어의 맞춤형 추천을 편리하게 생각하는 사람들이 있는 반면, 내가 감시당하고 있는 거 같다는 생각에 소름 끼쳐 하는 사람들도 있어.

맞춤형 추천 기능의 기본 재료는 우리가 소셜 미디어에서 글을 읽고 쓰고, 영상을 보고, 검색하는 활동 하나하나야. 이를 통해 우리에게 더 나은 정보를 제공해 주고 산업 발달에 도움을 주고 있다고 보기도 하지만, 사생활 침해와 차별 문제를 불러일으키고 있다고 생각하는 사람들도 있어.

소셜 미디어 사용 찬성 팀

소셜 미디어에서 쓰이는 알고리즘 기술은 우리에게 큰 만족감을 줘. 우리가 무엇을 보고 싶어 하는지, 무엇을 사고 싶어 하는지를 알고 자동으로 취향에 꼭 맞는 콘텐츠와 광고를 보여 주지. 확증 편향을 부추기는 문제가 있다곤 하지만, 이것을 바로잡고 정확한 정보가 담긴 콘텐츠를 추천하는 것도 알고리즘의 역할이야. 우리의 활동 하나하나가 기록되고 쌓여 만들어진 빅데이터는 소상공인과 크리에이터 입장에서도 공들여 만든 광고와 콘텐츠가 적절하게 노출될 수 있게 하고, 더 나은 상품과 콘텐츠를 만드는 데 큰 도움이 되고 있어.

소셜 미디어 사용 반대 팀

소셜 미디어가 알고리즘을 이용해 내가 감추고 싶어하는 비밀까지 속속들이 알고서 보여 줄 때면 정말 소름 끼쳐. 게다가 보고 싶은 것만 보게 된 사람들은 다양한 관점의 정보를 받아들이지 않아 편향성이 강해지고, 이로 이로 인한 사회적 갈등도 커지고 있어.

소셜 미디어가 맞춤형 추천 기술을 적극적으로 쓰는 이유는 돈 때문이야. 우리가 소셜 미디어에 더 오래 머물러야 더 많은 광고를 보여 줄 수 있고, 그래야 소셜 미디어 기업이 더 많은 돈을 벌 수 있거든. 이러한 소셜 미디어에 우리는 개인 정보를 너무 쉽게 넘겨 주고 있는 건 아닌지 고민해 봐야 해.

🔔 알고리즘이란 무엇일까?

"오늘은 알고리즘에 대해 얘기해 볼 차례야."

네 번째 토론을 앞두고 선생님은 민혁과 예린을 토의실로 불렀다. 다음 토론 주제는 '소셜 미디어 속 기술'이었다.

"'알고리즘'이라는 말을 들어 본 적 있니?"

선생님이 묻자 민혁은 황당하다는 듯한 표정을 지으며 대답했다.

"에이, 선생님! 알고리즘을 요즘 누가 몰라요. '알고리즘이 나를 여기로 인도했다.'는 말도 많이 쓰는 걸요."

"민혁이는 알고리즘의 뜻을 정확히 알고 있나 보네?"

선생님이 미소를 지어 보이며 장난스럽게 물었다.

"음, 그러니까 알고리즘이란 소셜 미디어에서 내가 직접 찾아보지 않아도 내가 좋아하는 콘텐츠를 추천해 주는 기능을 말하는 거 아닌가요?"

"땡! 정답의 반만 말하면 어떡해?"

민혁 옆에 앉아 있던 예린이 놀리듯이 말하고 답을 덧붙였다.

"콘텐츠를 추천해 주기도 하지만, 동시에 컴퓨터가 무언가를 자동으로 처리할 수 있도록 하는 것들을 알고리즘이라고 한다고 알고 있어요. 그런데 저도 이 답이 정확히 어떤 뜻인지는 잘 모르겠어요."

선생님이 미소를 지어 보였다.

"알고리즘을 이해하려면 컴퓨터의 작동 원리를 생각해 봐야 해. 컴퓨터는 무엇이든 계산해 내는 능력이 있지만, 스스로 어떤 계산을 해야 할지 결정하지는 못해. 예를 들어서 수학 문제를 풀 때 우리는 다양한 방법을 스스로 고민할 수 있지만, 컴퓨터는 스스로 어떤 계산을 해야 할지 결정하지 못하는 거지. 그래서 컴퓨터에 문제를 푸는 방법과 절차를 입력해 줘야 하는데, 이걸 알고리즘이라고 불러."

"의미가 너무 어려워요."

선생님은 민혁의 반응을 예상했다는 듯한 표정으로 말을 이어 갔다.

"아무래도 기술적인 용어다 보니 좀 어렵지? 예를 들어서 우리가 포털 사이트에서 검색할 때 '연관 검색어'가 뜨지? 이건 어떤 기준으로 나오는 걸까?"

"음……"

민혁은 또 틀릴까 눈치를 보며 조심스럽게 말을 이었다.

"연관성이 있어 보이는 검색어를 띄우는 거겠죠?"

선생님이 다시 웃으며 말했다.

"맞아. 그런데 연관성이라는 게 대체 무엇인지 컴퓨터 스스로 정할 수 없어. 그러면 이 검색어를 검색했던 사람들이 많이 찾아본 유사한 검색어나 만족도가 높았던 검색어를 띄우도록 설계할 수 있겠지? 연관 검색어가 뜨도록 하는 나름의 공식이 있을 텐데, 이 공식을 연관 검색어 알고리즘이라고 할 수 있지."

"소셜 미디어에만 알고리즘이 있는 게 아니네요?"

민혁은 알고리즘이 생각보다 큰 범위를 가리키는 말이라는 걸 알고 놀랐다.

"그렇지! 사실 인터넷 서비스 대부분에 알고리즘이 적용돼 있다고 보면 돼. 예를 들어서 우리가 포털 사이트에서 무언가 검색하면 뉴스 기사가 죽 뜨잖아? 많은 뉴스 기사 가운데 어떤 뉴스를 가장 위에 띄울지 정하는 것도 알고리즘이 작동하는 거란다. 그러면 맨 위에 뜨는 뉴스는 무슨 기준으로 정하는 걸까?"

"음, 사람들이 많이 본 뉴스요. 최근에 올라온 뉴스인지도 반영할 거 같고요."

민혁이 골똘히 생각하며 답했다. 예린도 이어서 자신이 생각하는 답을 말했다.

"사람들이 검색한 내용에 가장 잘 들어맞다고 판단되는 뉴스를 먼저 보여 주지 않을까요?"

선생님이 손뼉을 치며 흐뭇한 표정을 지었다.

"모두 정답이야! 최근에 나온 뉴스를 먼저 보여 주기도 하고, 사람들이 많이 본 뉴스를 보여 주기도 해. 검색자가 검색한 단어가 기사에 몇 번

언급됐고, 어떤 식으로 언급됐는지 등을 따져서 정확도가 높다고 판단되는 뉴스를 먼저 보여 주기도 하고 말이야. 이런 알고리즘은 뉴스 검색 알고리즘이라고 할 수 있겠지."

"그런데……, 선생님?"

뭔가 깨달은 듯한 표정을 짓던 민혁이 손을 들어 질문했다.

"처음에 저는 알고리즘이 유튜브나 페이스북 같은 소셜 미디어가 만들어진 다음에 나온 개념인 줄 알았어요. 선생님 말씀을 듣고 보니 알고리즘은 그보다 전부터 있던 개념인데, 소셜 미디어 시대가 되면서 알고리즘이라는 말이 유명해진 이유는 뭘까요?"

선생님이 예상한 질문이라는 듯 막힘없이 설명했다.

"알고리즘이 전보다 훨씬 더 많이 쓰이고, 그 수준도 훨씬 더 발전했기 때문이야. 소셜 미디어는 그 자체로 알고리즘 덩어리라고 할 수 있을 정도로 다양한 알고리즘이 적용되어 있어. 인공 지능 기술이 발전하면서 알고리즘 수준도 전과는 비교할 수 없을 정도로 높아졌지."

"그러면 소셜 미디어 속에서 알고리즘은 정확히 어디에서 어떻게 작동하나요?"

이번에는 예린이 물었다.

"페이스북, 인스타그램 등 소셜 미디어상에서 해 주는 친구 추천도 알고리즘으로 이루어지는 거야. 우리가 소셜 미디어에 접속했을 때 사진이나 영상, 글을 어떤 순서로 보여 줄지 정하는 것도 알고리즘이지. 유튜브나 넷플릭스에서 추천 영상을 보여 주는 것 역시 알고리즘이 역할을 하

고 있는 거고. 유튜브 알고리즘이 우리가 좋아할 만한 영상을 기가 막히게 알아내는 것이나 인터넷 곳곳에서 내가 좋아할 만한 광고만 보여 주는 것을 보면 알고리즘 기술이 얼마나 크게 발전했는지 알 수 있어."

민혁과 예린이 눈을 동그랗게 뜨고 감탄했다.

"와, 선생님은 정말 모르는 게 없네요! 그런데 유튜브 추천 알고리즘은 어떻게 우리에게 영상을 추천해 주는 거예요?"

민혁이 질문하자 선생님이 되물었다.

"너희가 푹 빠져 있는 서비스니까 나보다 너희가 더 잘 알지 않을까? 유튜브가 어떤 요소를 통해 콘텐츠를 추천하는지 하나씩 말해 보자. 먼저 민혁이부터!"

민혁은 예상치 못한 질문에 얼굴이 홍당무처럼 빨개졌다.

"음, 다른 사람들이 많이 본 영상을 추천해 줄 거 같아요."

선생님이 엄지를 추켜들며 경쾌하게 말했다.

"오케이! 시작이 좋은데? 다음 예린이!"

예린은 막힘없이 말을 이어 갔다.

"유튜브 채널을 운영하면 사람들이 영상을 몇 분 몇 초까지 봤는지 알 수 있거든요. 조회 수가 잘 나온 영상은 하나같이 사람들이 중간에 끄지 않고 오래 본 영상이 많더라고요. 아무래도 오래 본 영상을 더 많이 추천해 주는 거 같아요."

선생님이 놀란 표정을 지었다. 입 모양이 "와!" 하는 듯했다.

"그렇지! 유튜브는 많은 사람이 본 영상 그리고 사람들이 중간에 이탈하지 않고 오래 본 영상, 그중에서도 내가 오래 본 영상과 비슷한 내용의 영상을 중심으로 추천해. 그런데 이것만으로는 우리 취향을 딱 맞히기가 쉽지 않을 거 같은데?"

답이 하나 더 있는 거 같았지만 답이 무엇인지 몰라서 민혁과 예린 모두 시선을 피했다.

"가장 중요한 요소는 '나와 취향이 비슷한 사람이 본 영상'이야. 나와 비슷한 영상을 많이 본 사람이 특정한 영상을 오래 봤고, 그 영상이 조회 수까지 잘 나왔다면 다른 영상보다 더욱 적극적으로 추천해 주는 방식이지."

"우아, 선생님은 유튜브 회사 직원도 아닌데 어떻게 이걸 다 아세요?"
민혁이 놀라워하는 표정을 지으며 말했다.
"실은 유튜브가 오늘 선생님이 얘기한 내용을 모두 설명하고 있단다."
민혁과 예린은 무슨 말인지 모르겠다는 얼굴이었다.
"네? 저는 매일 유튜브를 하지만 그런 설명은 못 봤어요."
"맞아요. 크리에이터 관리자 화면에서도 못 본 거 같은데요?"
민혁과 예린이 당황스러워하자 선생님이 컴퓨터 앞에 앉았다.
"소셜 미디어 사이트를 잘 보면 알고리즘이 어떻게 작동하는지 알 수 있어. 유튜브에 들어가면 '고객 센터'가 있는데, 거기서 볼 수 있어. 아니면 검색해서 찾을 수도 있고."

포털 사이트 검색창에 '유튜브 작동의 원리'를 치자, 같은 이름의 사이트가 눈에 들어왔다. 선생님이 클릭하

유튜브가 추천하는 영상

유튜브는 몇 가지 기준에 따라 우리에게 영상을 추천해 준다.

1. 내가 구독한 채널의 영상
2. 나와 같은 채널을 구독하는 사람들이 선호하는 영상
3. 내 관심사와 일치하는 영상
4. 나와 같은 관심사를 가진 사람들이 즐겨 본 영상
5. 사람들이 초반에 시청을 끊지 않고 오래 본 영상
6. 시청자의 참여도와 만족도가 높은 영상

니 제품 설명서처럼 유튜브의 많은 기능과 작동 방식이 소개돼 있었다. 민혁은 사이트를 훑어보다 흠칫 놀랐다.

"선생님! 여기 보면 우리의 시청과 검색 기록, 구독한 채널 등도 반영한다고 나와 있어요. 그러면 우리의 활동 정보를 유튜브가 가져가고 있다는 말인가요?"

"그렇지! 소셜 미디어의 추천 알고리즘이 작동하려면 재료가 필요한데, 우리 정보 하나하나가 재료라고 할 수 있어. 우리가 인터넷 공간에서 남기는 글이 어떤 내용인지, 무엇을 검색하고 무엇을 보는지, 우리가 어디에 있는지 위치 정보까지 모두 수집하지."

"세상에, 위치 정보까지요? 정말 별걸 다 모으네요. 위치 정보를 수집해서 어디다 써요?"

선생님이 이번에는 심각한 표정을 지어 보였다.

"유튜브는 기본적으로 사용자가 어느 국가에서 접속했는지 파악해서 그 국가와 관련된 영상을 주로 보여 준단다. 또 만약 우리가 축구장에 자주 방문한다고 위치 정보가 기록돼 있다면, 유튜브에서 '스포츠'를 검색했을 때 축구 관련 영상을 먼저 보여 줘."

민혁과 예린은 또 한번 놀랐다. 민혁은 한동안 입을 다물지 못했다.

"와, 진짜 소름 돋네요!"

"그만큼 세심하게 따져서 우리 관심사에 딱 맞는 콘텐츠를 추천해 준다는 의미가 될 수도 있고, 다른 측면에서 보면 그만큼 우리도 알아차리지 못하는 상황에서 우리 개인 정보를 많이 가져간다고도 할 수 있겠지?

이렇게 두 측면을 두루두루 살펴보면 토론을 준비하는 데 도움이 많이 될 거야."

선생님은 민혁과 예린을 보며 말을 덧붙였다.

"유튜브뿐 아니라 다른 소셜 미디어 사이트도 '설정'이나 '고객 센터' 메뉴에 들어가면 알고리즘이 어떻게 작동하는지 설명되어 있으니, 시간 날 때 한번 찾아보렴!"

소셜 미디어가 추천해 주는 콘텐츠는 우리에게 이로울까?

또다시 대회 날이 돌아왔다. 민혁과 예린은 멀티미디어실에 나란히 앉아 컴퓨터를 켰다. 비대면 토론 프로그램에 접속하자 반대 팀의 준형과 이슬이 보였다. 토론을 처음 시작할 때는 경쟁 팀으로서 적대적인 감정이 들었지만, 대회 때마다 만나다 보니 친근함이 느껴졌다.

"안녕! 토론 준비 즐겁게 잘했니?"

사교적인 예린이 먼저 상대 팀에 말을 건넸다.

"하하, 부정적인 얘기만 하려니까 힘들기도 하고 아니기도 하고 그래. 너희는 어때?"

준형이 씩씩한 목소리로 답했다.

"나도 무슨 말인지 알 거 같아."

민혁이 동감한다고 하자, 준형과 이슬이 긴장한 표정 속에서 미소를 지었다.

특정한 입장을 고정적으로 맡게 되면서 고민스러운 면이 있었다. 원래 자신이 갖고 있던 생각과 다른 논리로 주장을 펼쳐야 하는 순간이 오기도 했기 때문이다. 처음에는 이런 일이 그저 당혹스러웠지만, 민혁과 다른 토론자들 모두 토론을 계속해 나갈수록 자신의 생각을 넘어 더 많은 사람의 입장에서 깊이 있게 생각해 보고 생각을 넓힐 수 있어서 아주 유익한 시간이라고 여겼다.

"반갑습니다! 두 팀이 서로 스스럼없이 대화 나누는 모습이 참 보기 좋네요. 저도 좀 끼워 주세요."

사회자가 접속하자 화면 한 곳이 채워졌다. 긴장하고 있는 토론자들과 달리 표정에서 여유가 느껴졌다.

"자, 그럼 토론을 시작해도 될까요?"

사회자가 묻자 네 명 모두 양손을 들어서 머리 위에 동그라미 표시를 했다.

"첫 번째 제시어는 바로 '알고리즘'입니다! 오늘날 아주 대중적인 용어가 된 알고리즘은 소셜 미디어에서 빼놓을 수 없는 기술이지요. 소셜 미디어에서 작동하는 알고리즘이 이용자에게 도움이 되는지, 해가 되는지 뜨겁게 토론해 보겠습니다! 오늘은 찬성 팀부터 발언 시작하겠습니다."

예린이 먼저 입을 열었다.

"오늘날 우리는 알고리즘 속에서 살고 있다고 해도 틀린 말이 아닙니다. 온라인 공간 곳곳에서 알고리즘을 찾아볼 수 있고, 소셜 미디어는 특히 많은 알고리즘이 작동하는 공간입니다. 알고리즘으로 인해 우리는 전에 없던 편리함을 누리게 됐답니다."

"그 편리함이 무엇입니까?"

반대 팀 준형이 대뜸 묻자 예린은 막힘없이 답했다.

"알고리즘 없는 소셜 미디어를 한번 상상해 볼까요? 우선 페이스북과 인스타그램에 알고리즘이 없다면, 우리가 알 수도 있는 친구를 자동으로 추천해 주는 기능을 찾아볼 수 없게 돼요. 그러면 친구가 소셜 미디어 활동을 하는지 안 하는지도 모르는 상태에서 일일이 검색해서 친구를 찾아야 할 거예요."

예린이 반대 팀의 반응을 살핀 후 말을 이어 갔다.

"팔로워나 친구 맺기 기능이 활성화돼 있는 소셜 미디어는 우리가 누구와 더 자주 소통하고 가깝게 지내는지, 누구의 글을 더 주목해서 보고 적극적으로 반응하는지 분석해서 게시물을 보여 주는 순서를 정해요. 이런 알고리즘 기능이 없으면 우리는 일반 게시판처럼 게시물을 올라온 시간 순서대로 봐야 할 거예요. 그러면 관심 있는 사람의 게시물을 보려고 할 때 수많은 게시물 사이에서 일일이 검색해서 찾아봐야 할 텐데, 얼마나 번거롭겠어요?"

예린의 발언이 마무리되자 같은 팀 민혁이 손을 들고 발언했다.

"그리고 무엇보다 콘텐츠 추천 알고리즘은 우리 삶에 큰 즐거움을 가져다줬어요. 저희 엄마는 고양이를 좋아하는데, 인스타그램에서 귀여운 고양이 사진들을 자동으로 모아서 보여 줘서 소셜 미디어를 즐겁게 사용하고 있어요. 저도 유튜브에서 해 주는 콘텐츠 추천 덕분에 제가 좋아하는 영상을 올리는 새로운 유튜버들을 많이 알게 된 걸요?"

준형이 손을 들고서 우렁찬 목소리로 발언을 시작했다. 자신만만한 표정이었다.

"그게 그렇게까지 우리에게 이로운 점인가요? 자신이 좋아하는 게 있다면 알고리즘 없이도 찾아서 즐기는 데는 큰 지장이 없을 것 같습니다. 추천 알고리즘이 없던 때도 사람들이 좋아하는 콘텐츠를 즐기는 데는 아무런 문제가 없지 않았습니까?"

민혁은 예상한 지적이었기에 막힘없이 재반박을 이어 갔다.

"예를 들어 볼게요. 우리가 책을 읽고 싶어서 도서관에 갔다고 쳐요. 우리가 수많은 책을 읽어 보지 않는 이상 어떤 책이 내게 필요한지, 내가 어떤 책을 좋아할지 알기 어렵잖아요. 그럴 때 내 취향을 잘 아는 친구가 책을 추천해 주면 시간을 절약할 수 있고, 선택을 실패할 확률이 작아져 더욱 만족하면서 책을 읽을 수 있겠죠? 그 친구의 역할을 바로 알고리즘이 해 주고 있는 거예요."

민혁이 조목조목 반박하자 준형은 조금 당황한 기색을 보였다. 준형이 즉각적으로 반론을 제기하지 않자 민혁이 다시 입을 열었다.

"기술이 발전했으니 그걸 우리가 누리는 것은 당연해요. 우리는 이 기술로 시간을 절약하고, 찾고 싶은 걸 더 쉽게 찾고, 이전에 찾지 못한 걸 발견해 낼 수도 있어요. 이렇게 장점이 많은 기술을 반대할 이유가 있을까요?"

"반대할 이유는 충분히 있죠."

이번에는 반대 팀 이슬이 특유의 냉철한 말투로 발언을 시작했다.

"알고리즘 덕에 편리해졌다고는 하지만, 우리 삶에 해가 되고 있는 점도 무시할 수 없으니까요. 특히 소셜 미디어의 추천 알고리즘은 확증 편향을 심화시켜요."

찬성 팀에서 무슨 말인지 모르겠다는 표정을 지었다. 분위기를 읽은 사회자가 말을 꺼냈다.

"확증 편향이 무슨 뜻인지 간단하게 설명해 주면 토론 진행에 도움이 될 거 같네요."

"아, 확증 편향은 자신이 생각하는 방향과 일치하는 정보는 받아들이고, 일치하지 않는 정보는 무시하는 경향을 말해요. 비슷한 표현으로 '필터 버블Filter Bubble'이라는 말이 있어요. 우리에게 맞춤형으로 걸러져서 제공된 정보가 마치 버블Bubble, 다시 말해서 거품처럼 우리를 가둬 버린다는 뜻이에요."

예린도 말을 꺼냈다.

"주장이 추상적인 거 같은데요. 근거가 있나요?"

이슬은 답변 대신 자료 화면을 띄웠다.

"미국 대학 연구 팀이 2016년 대선 때 미국인들의 SNS 활동을 분석했어요. 그 결과 상당수가 SNS에서 자신과 생각이 다른 정치·사회적 의견이나 정보를 접하지 못했어요. 연구 팀은 원인 중 하나로 알고리즘을 꼽았어요. 알고리즘이 이용자가 반응한 것과 비슷한 정보만 보여 줬기 때문이죠."

이슬이 이어서 다른 자료 화면을 띄웠다. 미국에서 구글 검색 알고리즘을 조작하여 실험한 결과였다. 아직 어느 후보에게 투표할지 마음을 정하지 못한 사람들의 20퍼센트는 알고리즘 조절로 투표 대상을 바꿀 수 있다는 내용이었다.

"이것은 알고리즘을 통해 특정 후보에게 불리하거나 또는 유리한 글만 계속 보여 주면 유권자의 정치 성향마저도 바꿀 수 있다는 뜻이에요. 알고리즘은 이처럼 우리가 보고 싶은 것만 보게 하고, 우리 생각에도 크게 영향을 미쳐요."

준형이 이슬의 주장에 덧붙여 설명하려고 손을 들었다.

"우리는 근본적으로 소셜 미디어의 알고리즘이 무슨 목적으로 작동하는지 생각해 봐야 합니다."

"그것이 뭐죠?"

준형의 말이 시작되기가 무섭게 민혁이 맞받아쳤다.

"바로 돈입니다. 소셜 미디어는 모두 기업이 운영하는 서비스입니다. 기업은 돈을 벌기 위해 존재합니다. 돈을 벌려면 소셜 미디어에 사람을 더 많이 끌어모으고, 사람들이 더 오랫동안 머물게 해야 합니다. 오래 머물러야 더 많은 광고를 볼 수 있고, 그래야 소셜 미디어 기업이 광고주 회사로부터 더 많은 돈을 벌 수 있으니까요."

"그렇게 말하는 근거가 있나요?"

민혁이 조심스럽게 물었다. 준형은 곧장 답변했다.

"'체류 시간에만 집중된 유튜브 추천 시스템은 필터 버블과 가짜 뉴스를 발생시킬 수밖에 없다.' 이 말은 유튜브의 추천 알고리즘 설계자 기욤 샬로가 영국 언론과 인터뷰를 하면서 한 말입니다. 기욤 샬로는 유튜브 알고리즘이 민주주의를 위해 있는 것이 아니라, 오로지 유튜브에 머무는 시간을 늘려 광고 수익을 최대한 얻으려고 있는 거라고 털어놓았습니다.

사람들을 끌어모으는 과정에서 더욱 자극적이고, 심지어 가짜 뉴스까지 추천한다고 이야기했지요."

이번에는 민혁이 준형에게 한 방 맞은 셈이 됐다. 민혁이 즉각적으로 반박하지 못하고 잠시 정적이 흐르자 예린이 당찬 목소리로 발언을 시작했다.

"기업이 돈을 벌 목적으로 있는 것은 맞지만, 사회의 구성원이고 소비자 덕분에 돈을 버는 입장이기 때문에 책임감을 갖고 사회적으로 좋은 일을 하는 경우도 많아요. 그런 측면에서 소셜 미디어 역시 사회에 필요한 역할을 하고 있다고 봅니다."

"무슨 근거로 그렇게 말하는 거죠?"

준형이 무슨 말인지 모르겠다는 표정을 지으며 되물었다.

"알고리즘을 너무 한쪽으로만 보는 것 같네요. 소셜 미디어가 가짜 뉴스나 혐오 표현 문제를 그대로 두고만 보고 있을까요?"

질문에 다시 질문으로 받아치자 이슬이 나섰다.

"'논점 일탈의 오류'라는 말을 들어 보았나요? 토론할 때 논쟁 내용과 다른 주제로 벗어나는 것을 뜻하죠. 지금이 바로 논점 이탈의 오류 상황 같네요. 우리는 소셜 미디어가 가짜 뉴스나 혐오 표현 문제를 방치하느냐 아니냐로 토론하는 게 아니에요. 알고리즘이 가진 문제를 놓고 토론하고 있어요."

민혁은 논점이 벗어나자마자 이를 지적한 이슬의 순발력에 속으로 감탄했다. 하지만 예린이 기세등등하게 다시 말을 꺼냈다.

"아니요, 논점에서 벗어나지 않았어요. 소셜 미디어의 알고리즘을 이용해서 가짜 뉴스를 잡고 있으니까요."

예린이 인터넷 화면을 띄우고 페이스북 게시글을 클릭했다. 코로나19 백신을 맞으면 사람을 감시하는 칩이 심긴다고 주장하는 글이었다. 이 글에는 '거짓 정보'라고 표시돼 있었다. 게시글 아래엔 코로나19 관련 공식 정보를 안내하는 사이트 링크가 있었다.

이어 예린이 유튜브에 접속했다. 이번에는 '5.18 민주화 운동'을 검색했다. 그러자 백과사전 정보가 맨 위에 떴다. 예린은 검색 결과에 뜬 영상의 채널 이름을 위에서부터 하나씩 읽어 나갔다. 우리나라 사람이라면 누구나 알 법한 큰 언론사가 대다수였다.

"가짜 뉴스나 혐오 표현 문제가 심각하다는 것은 소셜 미디어 기업들도 잘 알고 있는 사실이고, 문제를 해결하려고 노력하고 있어요. 바로 알고리즘 기술을 이용해서 말이에요. 어떤 글이 거짓인지 또는 선을 넘었는지 판단하는 역할을 알고리즘이 하고 있어요. 잘못된 정보라고 판단되는 글에는 거짓이라고 표시하거나 믿을 만한 사전 정보를 함께 보여 주고 있지요. 유튜브는 가짜 뉴스가 많은 이슈의 경우 일부러 믿을 만한 언론사의 콘텐츠를 우선적으로 보여 줘요."

"알고리즘이 가짜 뉴스나 혐오 표현을 찾아서 지우기도 하나요?"

준형이 물었다. 반박을 위한 질문이라기보다는 정말 궁금해서 묻는 듯한 말투였다.

"네. 유튜브나 페이스북은 알고리즘이 영상이나 게시글 안에 들어간

글과 소리를 자동으로 인식해서 문제가 있는 콘텐츠를 찾아내고 있어요. 같은 방식으로 저작권 위반 콘텐츠도 잡아내고 있고요. 사람이 무한한 인터넷 공간의 모든 글과 사진, 동영상을 일일이 다 확인하면서 지울 수 없으니까 알고리즘의 힘을 빌려서 대응하고 있는 거예요. 알고리즘이 가진 한계를 알고리즘으로 보완하고 있는 거죠."

예린의 발언이 끝나자 반대 팀의 이슬이 덤덤하게 말을 꺼냈다.

"잘 들었습니다. 하지만 그렇다고 해서 확증 편향 문제가 완벽하게 해결될 수는 없을 거 같은데요?"

이슬이 날카롭게 질문을 던졌다. 예린의 얼굴이 살짝 붉어졌다.

"제가 마저 답할게요."

한동안 토론을 지켜보던 민혁이 입을 열었다.

"반대 팀에서 이미 여러 자료를 통해 설명해 준 것처럼 소셜 미디어가 확증 편향을 부추긴다는 건 분명해요. 그런데 오늘날 우리 사회의 확증 편향 문제가 과연 소셜 미디어의 알고리즘 때문에 생긴 걸까요? 소셜 미디어의 알고리즘을 한 가지 원인으로 볼 수도 있지만, 알고리즘이 거의 쓰이지 않는 일반적인 게시판 형태의 인터넷 커뮤니티는 어떤가요?"

준형이 상기된 표정으로 답했다.

"물론 알고리즘의 영향을 받지 않고 극단적인 주장을 하는 커뮤니티가 있기는 하지만, 소셜 미디어 알고리즘으로 인한 확증 편향 문제와는 다르다고 봅니다. 커뮤니티는 커뮤니티의 문제가 있고, 알고리즘이 중심이 된 소셜 미디어는 그 나름의 문제가 있는 거죠."

민혁이 고개를 가로저으며 말했다.

"다른 얘기를 하는 것 같지만 저는 그렇지 않다고 생각해요. 알고리즘이 문제라면 알고리즘이 없거나 거의 쓰이지 않는 커뮤니티에서는 극단적인 주장이 나오는 경향이 적어야 하는데, 오히려 커뮤니티에서 더 심각한 경우가 있잖아요. 어쩌면 소셜 미디어의 알고리즘과 확증 편향은 크게 관련돼 있지 않을 수 있어요."

"객관적인 근거가 있나요?"

준형의 물음에 민혁이 답했다.

"네! 2016년 나온 영국 대학의 보고서를 보면 사람들은 언론사의 뉴스 사이트를 통해 뉴스를 주로 보기 때문에 알고리즘이 필터 버블에 주는 영향이 생각보다 크지 않을 수 있다는 내용이 나와요."

예린이 놀랐다. 예린은 소셜 미디어가 확증 편향을 부추긴다는 건 널리 퍼져 있는 주장이라서 이 주장 자체를 반박할 생각을 하지 못했다.

민혁은 또 다른 자료도 제시했다.

"2017년 미국 연구소에서 발표한 보고서를 보면 정치적 양극화가 극심해진 세대는 오히려 인터넷을 잘 사용하지 않는 노년층이었어요. 이 사람들은 TV 뉴스를 주로 시청했다고 해요. 어떤가요? 확증 편향이 왜 생기고 실제로 어느 정도 영향을 미치는지에 대해서는 서로 반대되는 내용의 연구 결과들이 나와 있어요. 어느 하나가 정확한 답이라고 딱 단정 지을 수 없는 거죠."

민혁이 발언을 마치자 이슬이 바로 반박했다.

"방금 제시한 자료들은 말 그대로 다른 나라의 예일 뿐입니다. 우리나라 사람들은 대부분 언론사 뉴스 사이트가 아닌 포털 사이트를 통해서 뉴스를 봅니다. 또한 소위 '태극기 부대'라고 불리는 보수 노년층들이 극우 유튜버들의 영상을 자주 본다는 것은 잘 알려진 사실이에요. 그렇다면 소셜 미디어의 알고리즘 기술과 확증 편향이 크게 관련되어 있지 않을 거라는 찬성 팀의 추측이 과연 우리나라에도 적용될 수 있을까요?"

이슬의 발언이 끝나자 사회자가 마이크를 켰다.

"자, 여기까지 하겠습니다. 아주 수준 높은 토론이었습니다. 믿을 만한 연구 결과들도 잘 들여다보면 입장이 서로 충돌할 때가 있지요. 현실에서는 답이 명확하게 내려지지 않는 문제도 있다는 점을 일깨워 주는 토론이었습니다. 잠시 쉬었다가 다음 토론으로 이어 가겠습니다!"

🔔 소셜 미디어의 빅데이터는 장점이 클까, 단점이 클까?

"우아, 확증 편향 문제를 다르게 볼 수 있다는 생각을 어떻게 했니? 정말 대단해!"

예린의 급작스러운 칭찬에 민혁은 민망해서 머리를 긁적였다.

"아니야. 나는 가짜 뉴스를 잡는 데도 알고리즘이 도움이 된다는 얘기가 더 놀라웠어."

예린과 민혁이 대화를 나누는 가운데 사회자가 다시 화면에 등장했다.

"자! 두 번째 토론을 시작합니다!"

사회자가 토론의 시작을 알리는 순간, 멀티미디어실엔 다시 긴장감이 감돌았다.

"두 번째 제시어는 '빅데이터'입니다. 소셜 미디어를 통해 얻은 데이터는 경제적으로, 또 산업적으로 도움이 되고 있는데요, 하지만 데이터를 모으는 과정에서 개인 정보가 지나치게 많이 새 나가는 등 부작용이 크다는 우려도 있습니다. 이번에는 반대 팀 먼저 시작하지요!"

준형이 손을 들고 발언을 시작했다.

"미국에서 보도되었던 기사 내용을 하나 들려주겠습니다. 어떤 물건을 샀는지를 분석해서 개인 맞춤형 쿠폰을 제공하는 마트가 있었습니다. 마트에서는 미성년자 고객에게 유아용품 쿠폰을 보냈고, 고객의 부모는 쿠폰이 잘못 왔다고 생각했지요. 하지만 알고 보니 자녀가 임신한 상태였습니다."

"놀라운 일이긴 한데, 이번 토론과 관련이 있는 내용인가요?"

민혁이 물었다. 준형은 막힘없이 답을 이어 갔다.

"물론입니다. 소셜 미디어가 돈을 버는 재료가 무엇일까요? 마트에서 수집한 소비자의 소비 활동과 마찬가지로 우리가 인터넷에서 하는 하나하나의 활동들입니다. 이것들을 모으면 아주 거대한 양의 데이터가 되는

데, 이것을 '빅데이터Big Data'라고 부르지요. 빅데이터를 통해 알고리즘을 발전키면서 우리는 우리보다 우리를 더 잘 아는 괴물을 만들어 낸 건지도 모릅니다."

"'괴물'이라는 표현은 좀 과한 것 같은데요. 소셜 미디어가 우리보다 우리를 더 잘 안다고 말하는 근거가 뭔가요?"

예린이 지적했다. 그러자 반대 팀 이슬이 화면을 공유하며 반박을 시작했다.

"미국 언론사의 뉴스를 번역한 내용인데, 한번 읽어 보겠습니다. '구글은 인종, 종교, 성적 취향, 건강과 같은 민감한 정보는 사용하지 않는다고 하지만, 당신의 임신, 이혼, 다이어트 등 모든 정보를 알고 있다. 그 이유는 맞춤형 광고를 하기 위해서다.'"

이슬은 이어서 본격적인 주장을 펼쳤다.

"소셜 미디어는 우리가 소셜 미디어에서 검색한 내역, 어떤 글이나 영상에 '좋아요'를 누르는지, 어떤 게시글이나 영상을 더 오래 봤는지, 심지어는 다른 앱에서 활동한 내역들까지 모두 모으고 있어요. 그 결과 어쩌면 소셜 미디어가 가족이나 우리 자신보다도 우리의 취향과 성향을 더 잘 알게 되는 문제가 일어났어요."

"소셜 미디어가 우리를 잘 알고 있다는 점은 인정합니다. 그런데 그것이 문제라고 할 수 있을까요? 앞선 토론에서도 얘기했지만, 이 점이 우리를 편리하게 해 주고 있는데 뭐가 문제지요?"

예린의 질문에 이슬이 큰 표정 변화 없이 곧장 답했다.

"소셜 미디어가 취향과 성향을 잘 알게 되면서 우리도 모르는 사이에 우리가 감추고 싶은 점까지 들춰낼 수 있어요. 성 소수자 중에는 자신이 성 소수자라는 사실을 남들에게 알리고 싶지 않은 사람도 있어요. 그런데 소셜 미디어가 비밀을 알고 있다면 섬뜩하지 않겠어요?"

준형이 이슬의 주장에 설명을 덧붙였다.

"자기 계정으로 접속한 유튜브를 친구와 우연히 같이 보게 되었다고 상상해 보세요. 거기에 내가 숨기고 싶었던 관심사가 추천 영상으로 그대로 나온다면 얼마나 당황스럽겠어요? 누구든 감추고 싶은 게 있을 텐데, 그 점이 드러나게 되면 심각한 사생활 침해가 이뤄질 수밖에 없어요."

"꼭 그렇기만 할까요?"

토론을 지켜보던 민혁이 공격적으로 물으며 말을 시작했다.

"소셜 미디어는 우리에게 콘텐츠는 물론 광고도 추천해 줘요. TV에 나오는 광고들은 관심 없는 광고가 많아서 눈길이 안 가는데, 소셜 미디어에선 그렇지 않아요. 빅데이터를 통해 개개인에게 꼭 필요하고 관심 있어 할 만한 상품을 소개해 주기 때문이에요."

민혁은 자신의 신발을 한번 내려다 보고 주장을 이어서 펼쳤다.

"지금 제가 신고 있는 운동화는 요즘 제가 가장 즐겨 신는 신발인데, 소셜 미디어 광고를 통해서 발견하고 구입했어요. 소셜 미디어 광고 덕분에 저는 마침 새 운동화가 필요한 때에 제가 좋아하는 스타일의 운동화를 쉽고 빠르게 찾을 수 있었어요. 그리고 우리는 소비자 입장뿐 아니라 상품을 파는 사람의 입장에서도 빅데이터 기술의 장점을 생각해 볼 필요가 있어요."

준형이 이해할 수 없다는 듯이 얼굴을 찌푸리면서 물었다.

"상품을 파는 사람 입장이라는 건 무엇을 말하는 거죠?"

민혁은 망설임 없이 대답했다.

"소셜 미디어에서는 보다 효율적으로 광고할 수 있어요. TV에 광고를 하면 누가 이 광고를 보는지 알 수 없는 상황에서 광고를 내보낼 수밖에 없어요. 하지만 소셜 미디어에서는 처음부터 이 광고를 볼 만한 사람들에게만 광고를 보여 줄 수 있어요. 예를 들어 축구용품 광고면 축구 영상을 많이 보는 사람들만 골라서 광고를 보여 주는 거죠. 그러면 보는 사람에게도 좋겠지만, 상품을 파는 사람들도 큰 홍보 효과를 봐서 도움을 받을 수 있겠죠?"

이번에는 이슬이 진지한 표정으로 손을 들고 발언했다.

"광고를 하는 건 주로 큰 기업 아닌가요? 대기업에서 광고 효과를 크게 보는지가 중요한가요? 우리는 평범한 시민들에게 미치는 영향에 더 주목해야 할 것 같은데요."

"아, 그렇지 않아요."

이슬의 말에 예린은 손사래를 쳤다.

"TV에 광고를 하면 큰돈이 들어요. 적게는 수천만 원, 많게는 몇억 원씩은 내야 해요. 그런데 소셜 미디어는 돈을 적게 들이고도 광고를 내보낼 수 있어요. 100만 원을 내면 100만 원에 해당하는 사람 수에 맞춰 광고를 내보내는 거죠. 소셜 미디어를 통해 우리 주변의 식당 사장님이나 꽃가게 사장님, 농민분들 같은 소상공인도 큰돈을 들이지 않고도 광고를 할 수 있게 됐어요. 소셜 미디어의 빅데이터 기술을 더 발전시킨다면 소상공인들이 더 큰 광고 효과를 보고, 더 잘살 수 있게 될 거예요."

준형과 이슬 모두 얼굴이 살짝 붉어졌다. 예상하지 못한 지점을 짚었기 때문이다. 예린은 기세를 몰아 한마디 덧붙였다.

"빅데이터는 크리에이터에게도 도움이 돼요. 잠시만요."

예린은 화면을 공유한 다음 유튜브 관리자 화면에 접속했다. 화면에는 영상별로 조회 수뿐 아니라, 사람들이 영상을 어디까지 보고 껐는지, 채널의 주 독자층은 누구인지 등 세세한 데이터가 있었다.

"이런 데이터로 크리에이터들은 이용자들이 어떤 콘텐츠를 원하는지 더 잘 알게 되고, 더 재미있고 좋은 콘텐츠를 만드는 데 도움을 받고 있어요. 나아가서는 콘텐츠 산업에도 도움이 되고 있는 거죠."

민혁이 손을 들고 이어서 말했다.

"조사해 보니 '소셜 마케팅'이라는 용어도 있더라고요. 기업이 소셜 미디어 이용자들의 글이나 댓글을 모아 분석해서 사람들이 어떤 상품을 원하는지, 제품에 대한 불만은 어떤 게 있는지 알아내고, 이를 바탕으로 제품을 개선하거나 신제품을 만들기도 해요. 그러면 우리는 더 좋은 제품을 쓸 수 있게 되는 거죠."

예린과 민혁의 발언이 끝나자 잠시 정적이 흘렀다. 반대 팀 준형이 고개를 끄덕이고선 손을 들었다.

"타당한 의견 같습니다. 상품을 판매하는 사람의 입장까지는 저희가 미처 생각해 보지 못했네요. 소상공인에게는 소셜 미디어가 큰 도움이 된다는 것을 알게 됐습니다. 하지만 소셜 미디어의 맞춤형 광고 기능이 또 다른 차별을 불러일으킬 수 있다는 것도 생각해 보았나요?"

"어떤 차별을 말하는 거죠?"

준형의 기습적인 질문에 예린의 목소리가 살짝 떨렸다. 준형은 힘주어 말했다.

"미국 언론사에서 시민들이 페이스북 알고리즘 추천을 받은 내용을 분석했습니다. 그 결과 페이스북이 운전자를 구하는 특정 회사의 광고를 남성에게만 보여 줬다는 사실이 드러났습니다. 관련 광고 91건 가운데 단 한 건만 여성 이용자에게 노출되었지요. 어떤 광고는 백인만 볼 수 있도록 되어 있기도 하였습니다."

준형이 숨을 고르고 주장을 정리했다.

"사람을 채용할 때 인종이나 성별이 다르다고 차별해서는 안 되겠죠. 하지만 맞춤형 광고 기능은 이런 식의 차별에 이용되고 있습니다."

즉각적인 반박이 나오지 않자 준형이 준비해 온 화면을 띄웠다. 정장을 입은 남자가 굳은 표정으로 앉아 있는 사진이 보였다.

"이 사람은 페이스북 최고 경영자 마크 저커버그입니다. 평소 정장 입은 모습을 보인 적이 없는데, 이날은 입을 수밖에 없었습니다. 미국 의회에 불려 갔거든요. 페이스북에서 개인 정보가 대량으로 유출되는 사건이 벌어졌기 때문입니다. 빅데이터로 모인 우리의 개인 정보가 유출되면 아까 이야기한 것처럼 숨기고 싶은 민감한 정보까지 온 세상에 드러나게 될 수도 있어요."

"이의 있습니다. 개인 정보 유출은 소셜 미디어상에서만 벌어지는 일이 아닙니다. 카드 회사에서도 개인 정보가 유출된 적이 있어요. 여기 이 기사를 보면 소셜 미디어가 없던 때 사이트에서 개인 정보가 유출돼 논란이 된 적이 있어요."

민혁은 개인 정보 유출 문제에 대한 지적이 나오리라 예상하고 있었다. 하지만 준형 역시 민혁의 반박을 예상했기에 당황하지 않았다.

"이 사건은 다릅니다. 2014년 페이스북은 대학 교수에게 '성격 분석 퀴즈' 앱을 통해 개인 정보를 수집하는 것을 허락했습니다. 교수는 이렇게 수집한 무려 약 5천만 명의 개인 정보를 데이터 회사에 넘겨 버렸지요.

이 정보는 당시의 미국 대선 후보에게 건네져서 선거에 활용됐다는 의심이 나오기도 했습니다. 누군가 나쁜 의도를 갖고 소셜 미디어에서 수집된 우리 정보를 악용하는 일이 벌어질 수도 있는 거죠. 이런 일이 일어나도 괜찮다는 겁니까?"

말을 잘못했다는 생각에 민혁의 얼굴이 빨개졌다. 예린도 반박을 하지 못했다.

"자, 남은 시간이 얼마 없습니다. 찬성 팀에서 마지막으로 답변을 하면 토론을 마무리하겠습니다."

사회자가 나섰다. 열띤 토론을 하다 보니 어느새 토론 종료까지 1분밖에 남지 않아 있었다.

민혁이 어두운 표정을 한 채 말을 꺼냈다.

"개인 정보 유출 문제가 심각하긴 하네요. 저희도 그런 점은 분명 문제라고 생각해요. 개인의 노력에 앞서 소셜 미디어 차원에서 개인 정보 보호 기능이 더 나아져야 한다고 봅니다. 하지만 소셜 미디어 기업들이 개인 정보 문제를 마냥 방치하고 있는 것은 아니라는 점도 인정할 필요가 있다고 생각해요."

반대 팀에서 동의한다는 듯 고개를 끄덕였다.

사회자가 특유의 쾌활한 목소리로 토론을 마무리했다.

"찬성 팀에서는 소셜 미디어 공간에서 우리가 하는 활동으로 만들어지는 빅데이터를 통해서 소상공인들이 효율적으로 광고하고, 크리에이터들은 더 나은 콘텐츠를 만들 수 있고, 기업은 소셜 미디어 반응을 분석해

제품을 개선하면서 소비자에게도 긍정적인 영향이 돌아올 수 있다는 점을 강조했습니다."

사회자가 반대 팀을 보면서 말을 이었다.

"반면 반대 팀에서는 소셜 미디어 기업이 개인 정보를 지나치게 수집하면서 민감한 정보가 공개될 위험이 있고, 성별 또는 인종 차별이 일어나고, 개인 정보가 유출돼 악용되는 문제를 중심으로 설명해 주었습니다. 무척 흥미진진하면서도 생각할 거리가 많은 토론이었습니다. 모두 수고 많았고, 오늘 토론은 여기서 마치겠습니다!"

민혁은 소셜 미디어에 쓰이는 알고리즘이나 빅데이터 기술이 우리 삶을 편리하게만 해 준다고 생각했는데, 기술이 나쁜 방향으로 쓰일 때 나타나는 부작용을 알고 나니 마음 한구석이 불편해졌다. 토론을 하지 않았더라면 계속 몰랐을 사실이고, 언젠가 그 부작용의 피해자가 자신이 될 수도 있다는 생각에 오싹해졌다.

'하지만 무엇이 잘못됐는지 알면 잘못을 바로잡을 기회도 분명 있지 않을까?'

민혁은 다시 힘을 내 마음을 다잡고 다음 토론 준비에 더욱 집중하기로 했다.

함께 정리해 보기
소셜 미디어 속 기술에 대한 쟁점

소셜 미디어 사용 찬성 팀	논쟁이 되는 문제	소셜 미디어 사용 반대 팀
우리가 관심 있어 할 만한 콘텐츠를 자동으로 추천해 줘 우리 생활을 편리하게 해 준다.	알고리즘의 쓰임	정보를 한쪽으로 치우친 방향으로 보여 주어 확증 편향을 부추긴다.
소셜 미디어의 빅데이터 기술은 광고와 콘텐츠가 조금 더 효과적으로 노출될 수 있도록 하고, 더 나은 제품과 콘텐츠를 만드는 데 도움이 된다.	개인 정보 수집	지나친 개인 정보 수집으로 사생활 침해가 일어날 수 있으며, 이렇게 모인 정보는 나쁜 의도로 악용될 위험이 있다.

소셜 미디어를 어떻게 규제해야 할까?

6장

소셜 미디어가 사회적으로 큰 영향력을 갖게 되면서 규제가 필요하다는 요구가 끊이지 않고 있어. 대표적으로 소셜 미디어를 통해 유포되는 가짜 뉴스에 대해 정부가 나서야 한다는 주장이 있지. 그러나 막상 규제를 하려고 보면 정보가 사실인지 아닌지 모호한 경우가 많아. 또 가짜 뉴스 규제를 도입한 나라들이 법을 악용해 정당한 표현까지 막았던 것을 보면 규제 역시 완벽한 해결책은 아니라는 반론도 만만치 않아. 소셜 미디어 사업자 스스로 문제를 개선하는 방법이 바람직하다는 주장도 있지만, 스스로 문제를 완벽히 해결하지 못한다는 비판도 쏟아지고 있어.

소셜 미디어 사용 찬성 팀

소셜 미디어에서 유포되는 가짜 뉴스를 처벌하는 국가들을 보면 독재 국가가 많았어. 가짜 뉴스를 바로잡는 것을 이유로 규제를 만들었지만, 정부가 이러한 규제 권한을 가지면 자신들에게 불리한 정보에 악용하는 문제가 생길 수 있어. 소셜 미디어 사업자들도 여러 문제와 논란을 이미 알고 있기 때문에 콘텐츠를 적극적으로 심의하고, 이용자와 크리에이터를 보호하기 위한 다양한 장치를 마련하고 있어. 당장은 완벽하지 않아 보이더라도 표현의 자유를 침해하지 않는 선에서 자율 규제가 더욱 적극적으로 이뤄지도록 하는 게 바람직해.

소셜 미디어 사용 반대 팀

소셜 미디어를 이대로 방치해선 안 돼. 사실과 다른 정보가 빠르게 퍼지면 이로 인해 피해를 입는 사람들은 원래의 상태로 회복하는 것이 쉽지 않아. 따라서 정부가 나서서 잘못된 정보가 퍼지지 않도록 적극적으로 대처할 필요가 있어. 소셜 미디어 사업자들이 '자율 규제'라는 이름으로 스스로 문제가 있는 콘텐츠에 대응하고 있다고는 하지만, 자율 규제가 제대로 이뤄지지 않는다는 비판이 전 세계적으로 이어지고 있어. 누군가가 견제하지 않고 지금처럼 방치해 둔다면 문제가 제대로 개선될 수 없을 거야.

🔔 소셜 미디어는 악플에 어떻게 대처하고 있을까?

'지금 라이브 시작합니다.'

일요일 저녁, 거실에서 가족과 함께 TV를 보던 민혁에게 스마트폰 알림이 떴다. 민혁이 좋아하는 게임 유튜버가 진행하는 실시간 방송이 시작할 시간이었다. 민혁은 방으로 들어가 유튜브에 접속했다.

"안녕하세요? 오늘은 이 게임을 한번 해 보려고 해요!"

매번 새로운 게임에 도전하는 유튜버는 새로 출시된 퍼즐 게임을 풀어 나갔다. 민혁은 게임하는 모습을 지켜보는 것만으로도 마치 자신이 함께 게임을 하고 있는 것 같은 느낌이 들었다.

민혁이 시청한 유튜브 방송은 동시 접속자가 무려 7천 명이나 됐다. 그러다 보니 채팅에 참여한 사람도 많았고, 실시간 채팅창 내용도 빠르게 올라갔다. 채팅 창을 보던 민혁은 얼굴을 찌푸렸다. 중간중간 악플이 보였기 때문이다.

'그게 재밌냐?'

'저것도 못 하냐? 진짜 멍청하네.'

채팅을 할 때 금지 행동 규정을 지켜야 한다는 공지가 떠 있었지만, 악플을 쓰는 사람들은 아무런 신경도 쓰지 않는 듯했다. 민혁이 자세히 보니 악플을 쓰는 사람은 많지 않았다. 몇몇 사람이 악플을 반복적으로 쓰다 보니 눈에 띌 수밖에 없었다. 하지만 정작 유튜버는 악플에 신경 쓰지 않고 방송을 계속 진행했다. 정도가 심해지자 유튜버가 단호하게 한마디 했다.

"저런 채팅에 신경 쓰지 마세요. 괜히 관심 끌려고 하는 거니까, 관심 갖지 마세요."

영상을 지켜보던 민혁은 의문이 들었다.

"그런데 왜 유튜브는 저런 악플이 쏟아지는데도 아무런 조치를 하지 않는 걸까?"

방송이 잠시 지루해진 사이, 민혁은 같은 시간에 진행되고 있는 다른 실시간 방송 목록을 살폈다.

"어? 예린이 방송도 하고 있네?"

예린이 아빠와 함께 라이브 방송을 진행하고 있었다. 민혁은 예린의 방송에 접속했다. 400명 정도의 접속자가 있었다. 예린은 아빠와 함께 말랑이를 가지고 놀고 있었다.

"못 보던 말랑이네? 새로 나온 건가 보다."

영상을 보던 민혁은 아까 보던 게임 유튜브 방송과는 다른 점을 발견

했다. 예린이 방송에는 채팅창이 없었다.

"이상하네? 일부러 채팅 창을 꺼 놓은 건가? 내일 만나면 예린이한테 물어봐야겠다."

다시 게임 유튜버의 라이브 방송에 접속한 민혁은 한 시간 정도 영상을 시청하다 스마트폰을 껐다.

"늦잠 자면 안 되니까, 여기까지만 봐야지."

토론 대회를 치르면서 민혁의 생활이 달라졌다. 소셜 미디어 사용에 찬성하지만 무작정 이끌려 다녀서도 안 된다는 생각이 들어 사용을 절제하기 시작한 것이다.

다음 날 아침, 민혁은 마지막 토론을 준비하기 위해 토의실에 들어섰다. 곧 예린을 발견하고 인사를 했다.

"예린아!"

"안녕!"

예린이 반갑게 맞이하자 민혁은 예린의 옆자리에 앉으며 말했다.

"나 궁금한 게 있는데……."

예린이 눈을 동그랗게 뜨며 물었다.

"뭔데?"

민혁은 어제 유튜브 라이브 방송에서 채팅 창을 왜 꺼 놓았는지 이유를 물었다.

"아, 그거? 내가 꺼 놓은 게 아니라 유튜브 규정에 따라 자동으로 꺼진 거야."

예린의 말에 민혁은 놀란 표정을 지었다.

"유튜브에 그런 기능이 있어? 규정이 어떻길래?"

"14세 미만 어린이를 보호하기 위한 규정이야. 원래는 어린이가 방송을 할 때도 채팅을 할 수 있었는데, 2019년부터 악플에서 어린이들을 보호하겠다며 어린이가 보호자 없이 방송을 진행하지 못하게 하고, 채팅창도 뜨지 않게 한 거야."

민혁은 탄성을 내지르며 입을 다물지 못했다. 민혁은 처음 안 사실이었다.

"유튜브를 맨날 보면서도 그런 규정이 있는지 몰랐어. 그런데 채팅을 못 하면 방송 진행할 때 답

예린이 방송에는 채팅 창이 없네?

답하지 않아?"

예린은 한숨을 쉬면서 대답했다.

"사실 처음에는 채팅 기능이 없어지니까 좀 황당했어. 실시간으로 구독자들이랑 소통하는 게 라이브 방송의 매력인데, 채팅이 없으면 라이브 하는 느낌이 잘 안 살거든. 악플 때문에 그러는 건 잘 알지만, 악플을 다는 사람들은 유튜브가 아예 글을 못 쓰게 하는 게 맞는 거 아닌지 하는 생각이 들긴 했어."

예린의 말에 민혁이 고개를 끄덕이며 말했다.

"그러게 말이야. 유튜브가 악플을 철저히 단속하면 되는 걸 아예 채팅 기능 자체를 막을 필요가 있을까?"

예린도 고개를 끄덕였다.

"맞아, 맞아. 그런데 다른 한편으로 생각해 보면 유튜브는 공간이 워낙 크니까 일일이 댓글을 살피기도 어려울 거 같아. 계정을 지워도 또 다른 계정을 만들어서 활동할 수 있고 말이야. 게다가 찾아보니까 유튜브가 생각보다 댓글을 많이 지우더라. 너 유튜브가 지우는 댓글이 얼마나 되는지 알아?"

민혁은 골똘히 생각하다가 답했다.

"한…… 100만 개?"

예린이 미소를 보이며 답했다.

"2020년 7~9월 세 달 동안 지운 댓글만 무려 11억4천여 개야."

민혁의 입이 크게 벌어졌다.

"우아, 진짜? 세 달 동안 11억 개가 넘었다고? 엄청 많이 지우고 있는 거네."

민혁이 놀라움을 감추지 못하는 사이 다른 사람의 목소리가 귓가에 들렸다.

"그렇지! 그만큼 다른 소셜 미디어들도 무척이나 많은 게시글과 댓글을 지우고 있겠지?"

이가연 선생님이었다. 예상치 못한 선생님의 등장에 민혁과 예린은 화들짝 놀랐다. 선생님은 방긋 웃어 보이며 말했다.

"유명한 소셜 미디어는 나름대로 어린이 보호 정책을 갖고 있어. 나쁜 콘텐츠를 규제하는 기준들도 가지고 있지."

"어떤 게 있는데요?"

민혁이 묻자 선생님은 손가락을 가로저었다.

"답을 그냥 말해 주면 재미없지! 지난번에 소셜 미디어별로 고객 센터나 설정 메뉴를 통해서 다양한 기능을 알 수 있다고 이야기해 줬지? 그 방법으로 소셜 미디어들이 어떤 노력을 하고 있는지 한번 찾아보자. 마침 다음 토론 주제가 '소셜 미디어 규제'니까, 토론을 준비하는 데도 큰 도움이 될 거야."

"네!"

예린과 민혁이 함께 힘차게 대답했다.

🔔 자율적인 노력과 정부의 규제, 무엇이 더 효과적일까?

"반갑습니다! 자, 드디어 대망의 마지막 토론 날이 밝았습니다."

사회자가 우렁찬 목소리로 토론의 시작을 알렸다. 찬성 팀의 민혁과 예린, 반대 팀의 준형, 이슬은 서로 반갑게 눈인사를 나눴다.

"지금까지 긴 여정 함께하느라 정말 고생 많았습니다. 마지막 토론 주제이자 제시어 보여 주세요."

화면에 '소셜 미디어 문제 해결법'이라는 글자가 떴다.

"소셜 미디어는 다양한 순기능을 하면서 동시에 다양한 문제들을 가지고 있습니다. 이 문제들을 어떻게 해결하면 좋을지 토론해 보겠습니다. 반대 팀 먼저 시작해 보지요."

준형이 목을 가다듬은 뒤 마이크를 켜고 말을 시작했다.

"지난번 가짜 뉴스 문제를 놓고 토론하면서 살펴보았던 것처럼 소셜 미디어상에서 만들어지고 퍼지는 가짜 뉴스 문제는 그 심각성이 너무 커서 다시 강조할 필요가 없을 것 같습니다. 혐오 표현도 소수자와 사회적 약자를 향한 차별과 혐오를 퍼뜨리며 우리 사회에 심각한 해를 끼치고 있지요. 소셜 미디어에서 발생되는 문제의 심각성이 점점 높아지고 있는 만큼 정부가 나서서 강력하게 규제할 필요가 있습니다."

"이를테면 어떤 규제를 말하는 건가요?"

예린이 양손을 어깨 위로 들어올리며 적극적으로 질문했다. 준형은 다시 목을 가다듬고 입을 열었다.

"소셜 미디어 기업이 가짜 뉴스를 삭제하지 않고 방치하면 정부가 소셜 미디어 기업을 처벌하도록 하는 겁니다. 그러면 소셜 미디어 사업자들이 가짜 뉴스에 적극적으로 대응하게 될 겁니다."

"실제로 그런 규제를 도입한 나라가 있나요?"

다시 예린의 질문을 받은 준형은 종이 한 장을 들면서 말을 이어 갔다.

"2019년에 도입한 싱가포르가 있습니다. 필리핀에도 소셜 미디어상의 가짜 뉴스를 처벌하는 규제가 있습니다. 필요하니까 시행하는 거겠죠?"

예린이 고개를 갸우뚱하며 발언을 시작했다.

"이야기 잘 들었습니다. 그런데 규제가 있다고 해서 규제가 존재하는 게 옳다고만 볼 수 있을까요?"

예린은 인터넷 기사를 띄웠다. 영국 언론사의 기사를 한국어로 번역한 내용이었다.

"이 기사에는 세계에서 가짜 뉴스 처벌법을 통과시킨 나라들의 명단이 나와요."

2020년 3월부터 10월까지 가짜 뉴스 처벌법을 통과시킨 나라는 푸에르토리코, 볼리비아, 브라질, 알제리, 보스니아, 헝가리, 루마니아, 요르단, 아제르바이잔, 아랍에미리트, 우즈베키스탄, 타지키스탄, 태국, 베트남, 캄보디아, 필리핀, 러시아가 있었다.

예린은 기사 내용을 설명했다.

"코로나19가 유행하면서 거짓 정보가 쏟아진 것은 사실이지만, 이집트에서는 허위 정보를 퍼뜨리는 것을 막겠다는 것을 핑계로 정부를 비판하는 것을 단속했어요. 독재 국가에서 가짜 뉴스를 규제하는 법을 실은 다른 의도로 사용한 것이지요. 실제로 러시아에서 기자가 러시아 병원이 겪는 인공호흡기 부족 문제를 고발했다가 벌금을 부과받았어요. 우리가 흔히 생각하는 선진국에서는 정부가 개입하는 가짜 뉴스 규제를 찾기 힘들

우리나라에도 가짜 뉴스 규제가 있었다?

우리나라도 원래는 온라인상의 가짜 뉴스를 처벌하는 규제가 있었다. 전기 통신 기본법에 들어 있는 조항으로, '공익을 해할 목적으로 전기 통신 설비에 의하여 공연히 허위의 통신을 한 자는 5년 이하의 징역 또는 5천만 원 이하의 벌금에 처한다.'는 내용이 담겨 있었다. 이 조항은 다시 말해서 인터넷에서 공익을 해칠 목적을 갖고 가짜 뉴스를 퍼뜨리면 처벌한다는 뜻이다.

이 조항은 '미네르바 사건'을 계기로 사라졌다. 미네르바는 2008년부터 정부에 비판적인 경제 전망 글을 인터넷에 쓴 사람으로, 사회적으로 큰 주목을 받았다. 미네르바의 전망 중에는 사실인 것도 있고 사실이 아닌 내용도 있었는데, 경찰은 미네르바가 허위 사실을 퍼뜨렸다는 이유로 구속했다.

미네르바는 자신을 구속시킨 근거가 된 허위 사실 유포죄에 문제가 있다며 위헌 심판을 요청했다. 위헌 심판은 법률이 헌법의 가치를 위반하고 있는지 아닌지 판단하는 절차로, 법률이 위헌 결정을 받으면 사라진다.

전기 통신 기본법의 관련 조항은 심판 결과 위헌으로 결정이 나면서 역사 속으로 사라졌다. 이 판결에 대해 헌법 재판소는 표현의 자유를 제한하려면 법 규정이 명확해야 하는데 법에서 말하는 '공익'이라는 개념이 너무 추상적이고, 국가가 공익을 이유로 허위 여부를 판단하여 벌 주는 것이 부적절하다고 이유를 밝혔다.

다는 점을 기억해야 합니다."

민혁이 발언을 마치기도 전에 준형이 손을 들고 반박할 태세를 갖췄다.

"의견 잘 들었습니다. 저희도 그런 악용 가능성에 대해 고민하였습니다. 하지만……."

준형이 말을 하면서 미리 준비해 온 소셜 미디어 게시글을 띄웠다.

"어느 날 빵집에서 파는 밤식빵에서 쥐가 나왔다는 글이 인터넷 커뮤니티에 올라왔습니다. 충격적인 소식이었죠. 이 글은 순식간에 화제가 됐고, 빵집에는 사람들의 발길이 뚝 끊기고 말았습니다. 빵집 사장은 큰 비난을 받아지요."

게시글에는 정말 죽어 있는 쥐가 빵 안에 있는 모습이 담겨 있었다. 민혁과 예린은 사진을 보며 역겨워하는 표정을 지었지만 집중해서 상대 팀의 설명을 들었다.

"하지만 반전이 있었습니다."

준형이 '식빵 쥐 사건, 조작이었다!'는 제목의 기사를 공유한 다음 다시 말을 꺼냈다.

"알고 보니 같은 동네의 경쟁 빵집에서 조작한 일이었지요. 경쟁 빵집에 대한 안 좋은 소문을 퍼뜨려서 이익을 보려고 했던 건데, 이렇게나 일이 커진 겁니다. 이렇게 가짜 뉴스를 만들어서 퍼뜨리면 누군가 큰 피해를 입을 수 있습니다. 그런데도 이 문제를 방치하겠다는 겁니까? 그게 적절합니까?"

준형이 따지듯이 목소리를 높였다. 기사를 찬찬히 읽어 보던 민혁은 무언가 깨달은 표정을 짓고선 입을 열었다.

"물론 심각한 문제라고 생각해요. 그런데 지금 보여 준 기사를 보면 가짜 뉴스를 퍼뜨린 사람은 업무 방해죄로 처벌받았다고 돼 있네요."

준형이 고개를 끄덕이며 답했다.

"맞습니다."

"법적으로 처벌을 받았는데, 그 사람의 잘못에 대해 또 다른 규제를 만들 필요가 있을까요? 이미 법으로 처벌할 수 있는 걸 또 다른 규제까지 만들어서 단속할 필요가 있느냐는 겁니다."

민혁이 예리한 질문을 던졌지만 반대 팀 준형은 망설임 없이 고개를 끄덕였다.

"네. 저희도 그런 고민을 안 해 본 건 아닙니다만, 그럼에도 규제가 있어야 한다고 생각합니다."

"왜 그렇게 생각하는 거죠?"

민혁이 의아한 표정을 지으며 물었다.

"당시 빵에서 쥐가 나왔다는 글과 사진이 인터넷을 통해 퍼지자 전국 곳곳의 가맹점에 항의 전화가 빗발쳤습니다. 크리스마스 케이크 78개를 단체 주문했던 손님이 찾아와 예약을 취소한 일도 있습니다. 소셜 미디어에 개인이 올린 글이 방송사에서 만든 콘텐츠 못지않게 빨리 퍼지고, 많은 사람에게 퍼지는 세상입니다. 나중에 수사를 하고 재판을 한다고 해서 이 사람들이 입은 피해가 사라지겠습니까?"

"아, 회복되기는 힘들 거 같네요."

민혁은 자신도 모르게 동의하는 뜻의 말을 했다.

"맞습니다. 피해가 더 커지기 전에 이런 콘텐츠는 빠르게 차단되어야 합니다. 사업자가 하지 않으면 정부에서 이런 역할을 하는 게 맞죠."

민혁은 잠시 생각에 잠겼다. 예린이 민혁의 귓가에 "내가 얘기할게."라고 말하고 손을 들었다.

"가짜 뉴스가 소셜 미디어를 통해 빠르게 퍼지고 있다는 점을 걱정하는 것에 정말 공감해요. 그런데 가짜 뉴스도 막상 지우거나 처벌하려고 보면 애매한 점이 있더라고요."

"어떤 점이 그렇죠?"

준형이 물었다. 예린은 자료 화면을 공유했다. 소셜 미디어 계정에 의사가 '제로콜라, 살 안 찐다.'는 글을 올렸고, 다른 유튜버 의사는 '살이 찔 수 있다.'는 영상을 올렸다.

"제로콜라를 먹으면 살이 찔까요, 안 찔까요? 처음에는 제로콜라는 칼로리가 매우 낮아서 괜찮다는 기사가 나왔는데, 1년 정도 지나고 보니까 제로콜라가 칼로리 자체는 낮지만 장 속 미생물에 영향을 미쳐서 살이 잘 찌는 체질로 만들 수 있다고 이야기하는 영상이 올라왔어요. 아직도 전문가들 사이에서는 여러 의견이 나오고 있는데, 한쪽 의견만 믿고 다른 쪽 의견을 가짜 뉴스라고 처벌할 수 있을까요? 둘 중 무엇이 진실이라고 할 수 있을까요?"

예린은 다음 사진을 넘겼다. 재심을 소재로 한 영화의 포스터였다.

"재심은 재판을 다시 하는 걸 말해요. 이 영화는 실화를 바탕으로 만들어진 거예요. 영화에서 살인 사건의 용의자로 붙잡힌 남자는 재판에서 유죄를 선고받아요. 이 사람이 범인이라고 판결을 내린 거죠. 그런데 아주 뒤늦게 진짜 범인이 따로 있었다는 사실이 드러나요. 경찰도, 검찰도, 법원까지도 진짜와 가짜에 대한 판단을 잘못했던 거예요."

"너무 특별한 경우를 근거로 드는 거 아닌가요?"

이슬이 기습적으로 질문했다. 예린은 대답 대신 쥐 식빵 사건에 대한 기사를 화면에 띄웠다.

"쥐 식빵 게시글이 올라왔을 때 빠른 조치가 필요했다고 했지요? 여러분이 담당 공무원이나 경찰이라면 이 사건이 조작인지 아닌지 바로 알 수 있었을까요?"

예린이 목소리에 힘을 주며 질문을 했다. 준형과 이슬은 바로 답변하지 못했다.

"쥐 식빵 사건은 게시글이 올라오고 며칠 만에 크게 퍼졌어요. 경찰이 본격적으로 수사하기까지는 한 달 가까운 시간이 걸렸어요. 다행히 수사가 시작되자 당사자가 자수를 하긴 했어요. 하지만 자수를 한 날을 기준으로 게시글을 차단했다 해도 이미 글이 퍼진 건 똑같아요. 그리고 만에 하나 수사 내용이 틀릴 가능성도 있는 거죠. 이런 모호한 상황에서 즉각적으로, 무조건적으로 차단할 수 있을까요? 그게 적절할까요?"

상대 팀은 물론이고 민혁도 놀라운 표정을 감추지 못했다. 상대 팀의 논리를 역으로 이용한 예린이의 순발력이 빛났다.

"그러면 지금처럼 문제를 그대로 두고 봐야 한다고 보는 건가요?"

이슬이 안경을 끌어 올리며 날카롭고 차가운 목소리로 질문을 던졌다.

"아니요, 그렇게 생각하지는 않아요. 다만 법적으로 해결하기보다는 소셜 미디어 사업자에게 해결을 맡기는 게 더 중요하다고 생각해요. 사업자가 직접 문제를 바로잡는 면도 있으니 정부가 바로 나서는 것보다는 사업자 스스로 노력하는 모습을 지켜볼 필요가 있어요."

"소셜 미디어가 도대체 어떤 노력을 하고 있나요?"

이슬이 공격적인 어투로 다시 물었다.

"가짜 뉴스나 혐오 표현을 살피고 있어요. 신뢰도가 높은 콘텐츠를 중심으로 보여 주려 노력하고, 전에 이야기한 것처럼 가짜 뉴스가 의심되는 콘텐츠에는 백과사전 내용을 함께 띄우기도 해요."

민혁이 거들었다.

"포털 사이트 검색창에 '페이스북 커뮤니티 규정'이라고 한번 쳐 보세요. '유튜브 커뮤니티 가이드라인', '인스타그램 커뮤니티 가이드라인'도 검색해 보세요."

민혁의 제안에 토론 참여자들과 사회자가 컴퓨터와 스마트폰으로 검색하기 시작했다. 곧 사람들은 무언가 새로운 것을 발견한 것처럼 놀라워하는 표정을 지었다.

페이스북과 인스타그램, 유튜브 등 소셜 미디어들이 어떤 기준으로 콘텐츠를 심의하는지 자세한 설명이 나와 있었다. 페이스북과 인스타그램은 자극적이고 선정적인 콘텐츠, 사이버불링 및 괴롭힘, 혐오 표현 등의 게시글을 삭제한다고 밝히고 구체적인 기준을 설명하고 있었다. 어떤 게시글을 신고해야 하는지, 신고하면 어떻게 조치하는지도 알려 줬다.

사람들이 가이드라인을 읽고 나서 화면에서 눈을 떼자 민혁이 다시 말을 시작했다.

"사업자가 스스로 규칙을 만들어서 운영하는 모습을 보면 문제를 방치하는 게 아니라는 사실을 알 수 있어요. 앞서 이야기한 것처럼 정부가 직접 규제하게 되면 정부에 비판적인 목소리를 막을 위험이 있는데, 사업자가 스스로 규칙을 만들어 운영하면 그런 부작용이 일어날 가능성도 적어지죠."

잠시 정적이 이어진 가운데 이슬이 다시 발언을 신청했다.

"그런데 왜 이런 가이드라인으로 가짜 뉴스와 혐오 표현 콘텐츠를 지우지 못했을까요?"

"네?"

민혁이 되묻자 이슬은 별다른 말 없이 화면 공유를 했다. '학폭 가해자 연예인 OOO의 민낯', '연예인 OOO의 학폭 사실을 폭로합니다.' 같은 제목의 인터넷 커뮤니티 게시글과 유튜브 동영상, 그리고 이 내용을 믿으며 연예인을 비난하는 댓글들이 보였다.

"최근 드라마를 통해 큰 인기를 얻은 연예인의 이야기예요. 페이스북, 유튜브, 인터넷 커뮤니티 등 소셜 미디어 곳곳에 이 연예인이 과거 학교폭력의 가해자였다고 단정 지은 내용이 많았어요. 그런데 3주 정도 지나 연예인이 법적으로 대응하겠다고 하니, 네티즌이 그 연예인이 싫어서 거짓말을 한 것이라며 모든 내용은 거짓말이 맞다고 인정했어요. 잘못된 정보가 유포되는데도 소셜 미디어는 이런 콘텐츠를 즉각적으로 지우지 않았어요. 이야기가 빠르게 퍼지는 소셜 미디어 특성상 피해도 빠르게 커졌죠. 잘못된 정보에 대한 판단을 사업자에게만 맡겨서는 피해를 줄일 수 없다고 생각해요. 이와 관련한 법적 처벌을 강화할 필요가 있다고 봅니다."

반대 팀 준형이 이어서 말을 꺼냈다.

"미국에서 91개 국 3만 7천 명을 대상으로 유튜브와 관련한 연구를 한 적 있습니다. 잠시 화면을 봐 주세요."

참가자들이 유튜브 영상을 시청한 다음 문제가 있다고 느껴지는 콘텐츠를 신고하도록 하는 연구였다. 사람들은 총 3,362개의 콘텐츠를 신고했는데, 이 가운데 71퍼센트가 직접 검색해서 찾은 콘텐츠가 아니라 유튜브 알고리즘이 추천한 콘텐츠였다.

"앞선 토론에서 이야기한 유튜브 추천 알고리즘 설계자의 폭로를 기억하나요? 유튜브 알고리즘이 선정적이고 자극적인 콘텐츠, 게다가 가짜 뉴스까지 추천한 겁니다. 결국 문제가 있는 콘텐츠가 소셜 미디어 알고리즘에 의해 더 많이 유포되고 있는 겁니다. 그 배경에는 소셜 미디어 기업이 돈을 벌려는 목적이 있고요. 소셜 미디어 기업의 자율적인 노력만으로 가짜 뉴스 같은 문제를 해결하도록 하는 건 고양이에게 생선을 맡기는 것과 다르지 않습니다. 노력은 인정하지만 분명히 한계가 있습니다. 따라서 정부가 문제 해결을 위해 강력하게 나서야 합니다."

준형은 주먹을 앞으로 내밀며 흥분한 목소리로 말을 끝맺었다.

예린이 무언가 떠올랐다는 듯한 손을 들고 마이크를 켰다.

"저희 찬성 팀도 소셜 미디어 기업 스스로 모든 문제를 해결할 수 있다고 보지 않아요. 정부의 역할도 당연히 어느 정도는 필요하지만, 기본적으로 콘텐츠 자체를 정부가 검열해서는 안 된다는 것이 저희 의견입니다. 혹시 유튜브가 스스로 마련한 키즈 콘텐츠 규제를 알고 있나요?"

이슬과 준형은 고개를 끄덕였다.

"토론을 준비하면서 알게 됐습니다."

준형이 반대 팀을 대표해서 답변했다.

"그러면 왜 이런 규제가 생긴지도 아나요?"

"키즈 콘텐츠에 달리는 악플 같은 문제가 심각하다 보니……."

준형이 자신 없는 목소리로 말을 이어 가는 도중 예린이 낚아채듯 말을 꺼냈다.

"맞아요. 미국 시민 단체에서 문제를 제기했지요. 유튜브가 14세 미만 어린이들의 개인 정보를 수집하면서 콘텐츠 추천을 한 점을 포함해 어린이를 보호하는 장치가 부족한 점을 지적했고, 그 결과 유튜브가 여러 개선책을 내놓았어요. 시민들이 유튜브를 압박한 결과로 유튜브가 문제 해결을 위해 노력하게 됐어요. 언제나 최선은 처벌하고 규제하는 게 아니라, 사업자 스스로 노력할 수 있도록 시민이 문제를 제기하는 거라고 생각해요. 우리 힘으로 소셜 미디어를 바로잡는 거죠."

예린이 발언할 때 인터넷 검색을 해 본 준형이 다시 말을 꺼냈다.

"하지만 그렇다고 해서 정부의 규제나 개입이 아주 불필요한 건 아닙니다. 유튜브의 어린이 콘텐츠 문제 해결 과정을 보면 시민 단체가 문제를 지적하고 나서 미국 정부가 유튜브에 벌금을 내게 한 적이 있습니다. 앞서 페이스북의 최고 경영자 마크 저커버그가 미국 의회에 불려나간 일도 설명했는데, 그때도 미국 정치권에서 문제 제기를 했기 때문에 결국 개선이 이루어진 것이에요. 정부나 정치인들이 일일이 소셜 미디어 콘텐츠를 규제해서는 안 되지만 큰 문제가 벌어지면 결국 정부가 나설 필요가 있습니다."

"네, 그 점은 인정합니다."

예린이 동의한다는 듯한 미소를 지어 보이며 답했다.

흐뭇한 표정으로 토론을 지켜보던 사회자가 마이크를 켰다.

"자, 벌써 토론을 마칠 시간이 다 되었네요. 정부가 규제하는 게 최선인가, 아니면 소셜 미디어의 자율적 노력이 더욱 중요한가를 놓고 팽팽한 토론이 이어졌습니다. 각 팀의 마무리 발언 겸 토론을 마치는 소감을 한

마디씩 하겠습니다."

반대 팀 이슬이 손을 들었다.

"사회에 해가 되는 콘텐츠를 전부 정부가 규제하기도 어렵고, 그렇다고 방치해서도 안 된다고 생각해요. 정부가 콘텐츠 내용에 대해 일일이 간섭하기보다는 불법인 게 명확한 문제에 적극 나서서 조치하는 편이 더 낫겠다는 생각이 드네요."

찬성 팀 민혁이 고개를 끄덕이며 손을 들었다.

"오늘 토론을 통해 소셜 미디어의 자율적인 노력이 중요하지만, 그것만으로는 한계가 있다는 것을 알게 됐어요. 하지만 그렇다고 정부가 일일이 규제하는 게 대안이 될 수는 없다고 생각해요. 이번에 토론 대회를 하면서 소셜 미디어에 대해 공부하고 고민해 온 내용들이 있잖아요? 우리 모두가 이런 식의 공부와 토론을 꾸준히 한다면 곧 더 나은 소셜 미디어 세상을 만들 수 있지 않을까 하는 생각이 들었어요."

사회자는 흐뭇한 미소를 지으며 입을 열었다.

"두 팀의 마무리 발언 잘 들었습니다. 가짜 뉴스를 포함하여 문제 많은 콘텐츠가 방치되고 있으므로 정부의 개입이 필요하다는 지적, 한편으로는 문제 해결을 위해 소셜 미디어 사업자의 노력이 이뤄지고 있고 시민들의 노력으로 개선하는 게 더 중요하다는 의견을 내 주었습니다. 하지만 각 방법에는 한계가 있다는 점을 인정하며 더 나은 해결책을 위해 의견을 조율하며 토론한 점이 인상적이었습니다. 그럼 여기서 토론을 마무리 하겠습니다. 고맙습니다."

민혁은 사회자의 마지막 멘트를 듣고서야 토론이 끝났다는 사실을 실감했다. 심사 결과는 두 시간 뒤에 공개한다는 공지가 떴다.

"휴, 드디어 끝났다."

민혁이 안도의 한숨을 내쉬었다. 어느새 선생님이 곁에 다가와 있었다.

"모두 고생했어! 좋은 결과가 있을 거야."

토론 대회의 1등은?

"애들아, 이 링크로 접속하렴."

선생님이 새로운 링크를 보냈다. 접속하니 스무 명이 넘는 초등학생들이 보였다. 풀빛초와 푸름초뿐 아니라 전체 토론 대회 참가자들이 모두 모인 방이었다.

"안녕하세요! 저는 김준수 아나운서입니다. 저를 토론 때 본 팀도 있고, 못 본 팀도 있을 텐데요, 모두 반갑습니다. 제가 오늘 시상식의 사회를 맡았습니다."

함께 토론을 했던 민혁과 예린, 준형과 이슬은 환호성을 지르며 박수를 쳤다. 다른 학생들도 다 함께 박수를 치며 사회자를 맞이했다.

"자, 그럼 대망의 토론 결과를 발표하도록 하겠습니다."

사회자가 채점표로 보이는 종이를 손에 들고 있었다.

"모두 아주 치열하고 유익한 토론을 해 주었고, 많은 논의 끝에 결정을 내리게 되었습니다. 우선 5등부터 발표하겠습니다."

민혁은 기도하듯이 양손을 모으고 발을 동동 구르며 결과를 지켜봤다. 5등, 4등 모두 다른 팀에게 돌아갔다. 3위를 발표할 차례가 됐다.

"찬성 팀을 맡았던 대승초입니다. 축하합니다! 다양한 사례를 제시하여 근거를 탄탄히 하고 논리적으로 설명한 점을 높이 평가받았고, 전달력도 뛰어났습니다."

민혁과 예린은 반쯤 포기한 표정을 하고 있었다. 화면 너머에 보이는 준형과 이슬의 표정도 비슷해 보였다.

"자, 대망의 1, 2위는요……."

긴장감을 끌어 올리는 "두구두구두구!" 하는 북소리가 들렸다.

"공동 1위입니다. 풀빛초, 푸름초가 나란히 수상하게 됐습니다!"

"우아, 진짜?"

민혁은 꿈만 같았다. 예린은 자리에서 일어나 환호성을 지르며 폴짝폴짝 뛰었다. 화면 건너편의 준형과 이슬은 기쁜 표정으로 하이파이브를 하고 있었다.

"두 팀은 전달력이나 논리력만 놓고 보면 다른 팀들과 큰 차이가 없었지만 논쟁을 하면서도 일정 부분 양보를 하고 합의에 도달했다는 점에서 차이가 있었습니다. 토론은 상대를 이기려고만 하는 것이 아니라, 더 나은 대안을 찾기 위한 과정이지요. 두 팀은 토론의 목적에 가장 걸맞은 토론을 펼쳐 주었고, 그 점에서 높은 평가를 받았습니다."

"다 선생님 덕분이에요!"

"맞아요!"

민혁과 예린이 선생님을 두 팔로 꼭 끌어안았다. 선생님은 환하게 웃으며 말했다.

"선생님은 도움만 준 거고, 너희 스스로 해 온 노력과 고민이 좋은 결실을 낸 거야."

"자, 모두 고생 많았습니다. 끝으로 전체 기념 촬영을 하겠습니다. 모두 카메라를 봐 주세요."

민혁과 예린은 화면 앞에 다시 앉았다. 민혁은 손으로 V자를, 예린은 손가락 하트를 그렸다. 대회 참가자들이 비대면 화면 네모 칸 속에서 각자 포즈를 잡고 사회자는 카메라 셔터 대신 화면 캡처 버튼을 눌러 모두의 모습을 한 컷에 담았다.

"아아!"

참가자들이 시선이 다시 사회자에게로 향했다.

"소셜 미디어와 관련된 사회적 논란이 많습니다. 토론을 준비하고 펼치면서 우리가 늘 이용하는 소셜 미디어에 대해 다양한 고민을 해 보았을 것입니다. 소셜 미디어가 동전처럼 양면을 갖고 있으니 장점과 단점을 두루 살펴야 한다는 점을 다들 잘 알고 있을 겁니다. 하지만 중요한 건 정해진 답은 없다는 사실입니다. 우리가 주인이라는 생각을 갖고서 능동적으로 소셜 미디어를 사용하면서 소셜 미디어를 유익하고 이로운 매체로 만드는 데 모두 함께 힘을 모아 주기를 바랍니다. 이것으로 대회를 마치겠습니다!"

사회자의 마무리 멘트가 끝나고 참가자들이 한 명 한 명 종료 버튼을 눌렀다. 사람들이 떠나가는 모습을 바라보던 민혁이 마지막으로 종료 버튼을 눌렀다. 민혁은 토론은 끝났지만 소셜 미디어 공간을 잘 가꿔 나가기 위한 고민을 멈춰서는 안 되겠다고 다짐했다.

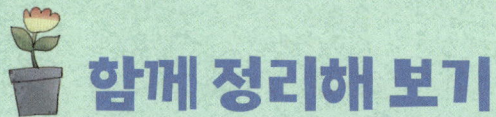

함께 정리해 보기

소셜 미디어 규제 방법에 대한 쟁점

소셜 미디어 사용 찬성 팀	논쟁이 되는 문제	소셜 미디어 사용 반대 팀
정부가 소셜 미디어를 규제하면 표현의 자유를 침해할 위험이 있다. 소셜 미디어 사업자들 스스로 자율 규제를 통해 문제가 있는 정보에 대처하도록 하는 것이 바람직하다.	규제 방법	소셜 미디어를 통해 퍼지는 가짜 뉴스는 심각한 피해를 낳기 때문에 정부가 적극 나서서 단속해야 한다. 사업자들은 문제가 있는 콘텐츠에 대해 적극적으로 대응하고 있지 않기 때문에 자율 규제는 최선이 아니다.